Nobuo Shioya

Der Jungbrunnen des Dr. Shioya

Nobuo Shioya

Der Jungbrunnen des Dr. Shioya

KOHA

Titel der Originalausgabe:
»The Power of living freely«
first printing 2001
Aus dem Japanischen von Dr. Monika Wacker
Deutsche Ausgabe: © KOHA-Verlag GmbH Burgrain
Alle Rechte vorbehalten – 1. Auflage: Juli 2003
Lektorat: Eva Boettler und Delia Rösel
Umschlag: Chiaradina email:chiaradina@vienna.at
Satz: Satjana's
Gesamtherstellung: Karin Schnellbach
Druck: Bercker, Kevelaer
ISBN 3-936862-01-X

Inhalt

Vorwort zur deutschen Ausgabe	7
Entwicklung und Anwendung der Methode	**11**
Aus meinem Leben und Golfspiel	15
Die Kraft der Freiheit im beruflichen Bereich	25
Selbstheilung bei Hepatitis C	27
Die Kraft der Vorstellung	**30**
Zwei Beispiele	30
Glaube und Visualisierung	32
Verjüngung	36
Physiologische und genetische Grundlagen	43
Die Beziehung von Körper und Geist	50
Schwingung und Resonanz	52
Weisheit und Kraft des Universums	53
Die unerschöpfliche Kraft des Universums	**57**
Geist und Materie	57
Die Kraft der Visualisierung	66
Beispiele aus meinem Leben	68
Bekräftigen statt bitten	80
Freier Wille – Determination	83
Atmen ist nicht gleich Atmen	**94**
Die Rolle der Zellen im Alterungsprozess	94
Die Sauerstoffkapazität	98
Die Energie einatmen	104
Die *Methode* stärkt das Immunsystem	118
Die Lebensstrahlen	**122**
Fernheilung ohne meine eigene Mitwirkung	122
Heilung mit Lebensstrahlen	124
Handauflegen – Lebensstrahlen	126
Gesunderhalten statt Heilen	131

Geistig-philosophischer Hintergrund 136

Meine Erfahrung mit der Welt der Geistwesen 136

Das Gesetz von Ursache und Wirkung 139

Zeit – das Jetzt 147

Die kommende Zeit der Veränderung 150

Hinweise auf meine Mission 150

Der Weltfrieden 156

Prophezeiungen 158

Die Große Bekräftigung 168

Der Große Frieden 177

Anhang: Die genaue Beschreibung der Methode 180

Statt eines Nachwortes 186

Vorwort zur deutschen Ausgabe

Auch wenn man dieses Buch rein als einen Ratgeber für Gesundheit und die Erfüllung der Wünsche lesen und benutzen kann, so ist es doch mehr, und das liegt an der Persönlichkeit von Nobuo Shioya. Es ist etwas Seltsames um dieses Buch: Ich könnte es am ehesten so beschreiben, dass der Geist von Dr. Shioya aus diesem Buch und unsichtbar durch dieses Buch spricht und die Leserin, den Leser im Innersten berührt und an die Stille im Inneren erinnert. So ist es mir beim Lesen immer wieder geschehen, dass ich in einem Satz versank und in einen Raum der Stille gelangte. In diesen weiten Raum der Stille gelangt man übrigens auch ganz leicht, wenn man die Atemübungen praktiziert, besonders wenn man sich ein paar Atemzüge lang nicht auf eine Visualisierung konzentriert, sondern nur zuschaut, was diese Atemübung in einem selbst auslöst.

Vielen von Ihnen ist Dr. Shioya bereits aus den Büchern von Masaru Emoto, dem Wissenschaftler, der die Wasserkristalle fotografiert hat, bekannt, denn Dr. Shioya leitete 1999 die Zeremonie am Biwa-See, an der mehrere hundert Menschen teilnahmen und für den Frieden und die Reinigung des Wassers beteten. Masaru Emoto erzählt, dass Nobuo Shioya derjenige gewesen sei, der ihn für die spirituelle Dimension geöffnet habe, in ihm den Funken gezündet und ihn viel über frühere Leben und die geistige Welt gelehrt habe. Auch wie wichtig und dringlich es ist, sich für den Frieden einzusetzen, hat er erst durch Dr. Shioya begriffen.

Den Weltfrieden, den »Großen Frieden«: In uns, auf der Erde und im Himmel – diesen Frieden zu erreichen – das ist die Mission von Dr. Shioya. Er ist Arzt, Philosoph und Weisheitslehrer.

Nobuo Shioya wurde 1902 in Japan geboren. Da er als Kind sehr schwächlich war – man glaubte nach seiner Geburt nicht, dass er überleben würde und seine Jugend war geprägt von schweren Erkrankungen – suchte er intensiv nach Wegen zur Gesundheit. Dies brachte ihn dazu, den Beruf des Arztes zu ergreifen, er wollte sich und andere heilen. Schon in seiner Schulzeit begann er, verschiedene Atemtechniken auszuprobieren und konnte damit eine Verbesserung seines Zustandes erreichen.

Später, als promovierter Arzt, verband er die Methoden der westlichen Medizin, die er studiert hatte, mit denen der östlichen Tradition: Er heilte auch durch Handauflegen und Fernheilungen.

Bei der Arbeit am Patienten begann er Visualisierungen einzusetzen: Er stellte sich den Menschen als geheilt vor und erkannte, dass er damit den Heilungsprozess beschleunigen konnte.

Aus dieser Art der Visualisierung und seiner besonderen Atemtechnik schuf er eine einzigartige, sehr wirksame Gesundheitsmethode. Es geht darum, »durch die *schöpferische Kraft der Gedanken und der richtigen Atmung*, die unerschöpfliche Kraft des Universums zu aktivieren und zu bündeln«.

Mit dieser *Methode* gelang es ihm, sich selbst zu heilen und zu verjüngen, sodass er mit Recht von sich behaupten kann, dass er ab seinem 60. Lebensjahr immer jünger und gesünder geworden ist. Seiner Ansicht nach ist der Mensch genetisch dafür angelegt, ein Alter von 100 Jahren zu erreichen, und zwar in voller Gesundheit.

Wenige Jahre nachdem er seine Tätigkeit als Arzt beendet hatte, an seinem 91. Geburtstag, überlegte er sich, dass dieses, sein langes und vitales Leben doch einen Sinn haben müsse, der über den »Eigennutz« hinausgehe, und er erkannte, dass es seine Aufgabe ist, seine Gesundheitsmethode einer breiteren Öffentlichkeit vorzustellen.

Er sieht sich lediglich als einen Vorreiter – er sagt, wir können das Gleiche erreichen, indem wir diese *Methode* praktizieren, die er entwickelt hat. Sie hilft bei gesundheitlichen, zwischenmenschlichen, beruflichen und vielen anderen Problemen – in allen Bereichen, in denen wir eine Veränderung zum Positiven erreichen wollen. Zudem hat sie den Vorteil, einfach zu sein und nicht viel Zeit zu beanspruchen. Dr. Shioya gibt dem Einzelnen das Werkzeug an die Hand, mit dem er seine persönlichen Umstände verbessern kann, selbst die Verantwortung für sein Leben übernehmen und somit in Freiheit leben kann.

Um Ihnen ein lebendiges Bild von Dr. Shioya zu vermitteln, hier der Bericht von Konrad Halbig, der ihn im Frühsommer 2002 besuchte.

Ich fuhr zu Dr. Shioya in Begleitung eines Schülers von ihm, eines 80-jährigen Yogalehrers. Ich fand, dass der 80-jährige Yogalehrer genauso fit war wie ich (ich bin 50 und sehr fit), und während der Zugfahrt erzählte er mir viele unglaubliche Geschichten darüber, was mit der *Methode* von Dr. Shioya erreichbar ist: Ein langes Leben in Gesundheit, Vitalität, Sexualität bis ins hohe Alter und vor allem – man kann starke Heilkräfte entwickeln.
Dr. Shioya wohnt mit seiner Frau in einem Altersheim – ich war erstaunt, denn für mich war es eher ein großzügig angelegtes Hotel, direkt am Meer – jeder Bewohner hat sein eigenes Appartement mit herrlichem Meerblick. Als wir ankamen, wurden wir sehr freundlich von Herrn Dr. Shioya und seiner Frau begrüßt und tranken zuerst in aller Ruhe Tee, genossen die Aussicht und die Ruhe, die Dr. Shioya ausstrahlt. Doch rasch kamen wir in ein interessantes Gespräch. Ich erzählte ihm, dass ich während der Fahrt zu ihm seine Atemübun-

9

gen bereits praktiziert hatte, und dass ich selbst seit fünfzehn Jahren Atemlehrer bin und Rebirthing unterrichte. Sofort musste ich ihm verschiedene Atemübungen aus dem Rebirthing demonstrieren. Daraufhin zeigte er mir seine Atemübungen. Je länger wir redeten, desto aktiver wurde er. Er erzählte, dass er mit 92 Jahren noch einen japanischen Golfmeister besiegt hat und dass er vor vier Wochen (zwei Monate zuvor war er 100 Jahre alt geworden) auch ein Golfturnier für Senioren gewonnen hat.

Später erfuhr ich zu meinem Erstaunen, dass seine Frau bereits 95 Jahre alt war, ich hatte sie auf höchstens 75 geschätzt.

Dr. Shioya hat eine ganz besondere Ausstrahlung. Er hat mich zutiefst beeindruckt – seine Ruhe, Klarheit und sein Temperament. Nach gut drei Stunden lebhaftester Unterhaltung begleitete er mich zum Ausgang, sein Gang war langsam, aber mühelos und aufrecht.

Dr. Shioya sagt immer von sich, er sei nichts Besonderes. Seine Schüler jedoch sind anderer Meinung, manche glauben sogar, er sei eine Reinkarnation von Laotse.

Dr. Shioya zeigt uns einen Weg, wie wir unser Leben verbessern und Frieden für uns und die Welt erschaffen können.

Delia Rösel

Entwicklung und Anwendung der Methode

Ich werde Inhalt und Praxis der *schöpferischen Kraft der Gedanken und der richtigen Atmung* ausführlich am Ende des Buches beschreiben, an dieser Stelle also nur eine Kurzbeschreibung:

Das wichtigste Charakteristikum liegt darin, dass *die Methode* aus den beiden Aspekten einer Bauchatemtechnik (angepasster Atem) und der richtigen Verwendung des Herzens (Aufrichtiger Geist) besteht.

Das heißt, sie besteht aus folgenden Teilen:

1. Durch die Bauchatmung wird Sauerstoff und Lebensenergie bis in die letzten Winkel des Körpers hereingeholt.

2. Um tagtäglich ein frohes, konstruktives Leben zu führen, setzt man seinen Geist richtig ein.

Zur Erfüllung der eigenen Wünsche stellt man sich deutlich vor, dass es »auf jeden Fall so eintrifft« oder »so sein muss«, und visualisiert den Erfolg.

Durch die Kombination dieser Elemente verwirklicht man die körperliche und seelische Gesundheit und gleichzeitig erwirbt man das Wissen, um alle Lebensangelegenheiten und Herzenswünsche selbstbestimmt zu erfüllen.

Bei der Bauchatmung handelt sich um eine von mir über lange Jahre hinweg entwickelte besondere Technik. Sie basiert auf einer 25maligen Wiederholung der folgenden Sequenz:

Einatmen > Atem anhalten > den unteren Teil des Bauches anspannen > ausatmen > kleinen Atemzug dazwischen nehmen.

In der ersten Phase sammelt man die unerschöpfliche Kraft des Universums, in der nächsten visualisiert man die zu heilende Krankheit oder den zu erfüllenden Wunsch und denkt fest daran, dass dies schon erreicht ist, das heißt, man stellt

11

sich ganz deutlich vor, dass man »es bereits erreicht hat« in der Vollendungsform. Das wird nämlich zu einer unterstützenden Kraft für die Verwirklichung der Wünsche.

Außerdem sind der richtige Einsatz des Geistes und die Einstellung im Alltagsleben genauso wichtig wie das Atmen. Besonders empfehle ich das Praktizieren der folgenden drei Punkte im Alltagsleben:

1. alle Dinge konstruktiv zu durchdenken
2. das Danken nicht zu vergessen
3. nicht zu nörgeln

Diese drei sind die grundlegenden Einstellungen, um das Leben licht, leicht und angenehm zu gestalten und um es in Freiheit zu genießen.

Seit meinen jungen Jahren, in denen ich krank und schwach war, habe ich verschiedene Gesundheitspraktiken und Atemtechniken ausprobiert. Dabei habe ich ihre Stärken und Schwächen herausgefunden, und mit etwa sechzig Jahren habe ich daraus in fast perfekter Form die *schöpferische Kraft der Gedanken und der richtigen Atmung* entwickelt.

Es ist eine Technik, die jeder, wann immer, wo auch immer, als Greis, als Kind oder als Kranker, einfach ausüben kann. Im Folgenden wird die *schöpferische Kraft der Gedanken und der richtigen Atmung* auch als die *Methode* bezeichnet.

Diese schöpferische Kraft der Gedanken und der richtigen Atmung habe ich bis vor kurzem nur für Gesundheit und Glück für mich selbst und die Menschen um mich herum benutzt.

Vor fünf Jahren jedoch entschied ich plötzlich, dass ich dies unter den Menschen verbreiten müsse. Es ging nicht an, dass ich in der Selbstzufriedenheit und der Einzigartigkeit stecken blieb. Ich möchte die *Methode* unter möglichst vielen Menschen verbreiten und sie zu einem Instrument machen, mit dem viele Gesundheit und Glück verwirklichen können.

Das heißt, ich muss Vorreiter werden und viele »Jedermanns« hervorbringen. Das ist die Bestimmung meiner späten Jahre. Auf diese Weise kann ich mich dem Himmel gegenüber dafür erkenntlich zeigen, dass er mich bis über 90 Jahre gesund erhalten und mir ein erfülltes Leben geschenkt hat – so wurde es mir ausgerechnet am Abend meines 91. Geburtstages bewusst.

Da ich übrigens genau für eine Woche später einen Vortragstermin auf der Ginza (Kongress-, Ausstellungs- und Einkaufszentrum) in Tokio hatte, änderte ich mein Konzept. Unter dem Vortragstitel »Was ich den modernen Menschen sagen möchte« wollte ich nun hauptsächlich über die schöpferische Kraft der Gedanken und das richtige Atmen sprechen. Als hätten sie es geahnt, nahm die Zuhörerzahl plötzlich um das fünf- bis sechsfache zu und wir verlegten den Veranstaltungsort eiligst in eine Kongresshalle. Trotzdem war der Saal so voll, dass einige Zuhörer stehen mussten.

Danach nahmen die Anfragen nach Vorträgen und Manuskripten sprunghaft zu und es kamen auch Anfragen zur Veröffentlichung eines Buches. So kam es dazu, dass ich mit über neunzig Jahren mein Erstlingswerk veröffentlichte, und es verkauft sich gut. Außerdem habe ich viele Briefe von Lesern erhalten, die berichten, dass durch das Üben der *Methode* langjährige Krankheiten geheilt wurden.

Ich selbst habe die Erfahrung gemacht, dass ohne ärztliche Hilfe und nur durch das Üben der *schöpferischen Kraft der Gedanken und der richtigen Atmung* der Graue Star und eine Prostatavergrößerung vollständig geheilt wurden, und auf dieselbe Art und Weise wurden verschiedene andere Krankheiten geheilt. Viele erstaunte und dankbare Stimmen kamen mir zu Ohren, darüber, dass man jünger geworden war. *Die Jedermanns nahmen allmählich zu.* Ich glaube nun endlich fest an die Richtigkeit und Notwendigkeit meiner Bestimmung, das Wissen über die natürliche Lebensspanne der Menschen und über die *schöpferische Kraft der Gedanken und der richtigen Atmung* in der Welt zu verbreiten.

Die Wirkung der *Methode* beschränkt sich nicht auf die körperliche Gesundheit. Sie ermöglicht die Überwindung der verschiedensten Probleme, die das menschliche Leben so mit sich bringt, und wird zur Kraftquelle, um Negatives in Positives umzuwandeln. Sie hilft uns, unsere Ideen und Wünsche zu verwirklichen. Sie ist eine Methode, um alle Dinge im Leben nach dem eigenen Willen geschehen zu lassen und ist damit der Schlüssel dazu, in Freiheit zu leben.

Warum wird das Leben mit der schöpferischen Kraft der Gedanken und der richtigen Atmung frei? Kurz gesagt: Wir können, durch das wiederholte tiefe Atmen und die Vorstellungskraft, die überall im Universum existente, unendliche und immense Kraft in unserem Körper ansammeln.

Und außerdem können wir diese Kraft auf alle Dinge außerhalb unseres Körpers ausstrahlen und diese aktivieren. Durch das Training der Vorstellungskraft, und indem wir lernen, den Geist richtig einzusetzen, können wir rasch die Gesundheitskraft und die Kraft der Weisheit erwecken, die im Inneren unseres Körpers schlummern. Dadurch werden Überzeugung und Willenskraft gestärkt, und dies wiederum führt zur Kraft der Verwirklichung, sodass sich Dinge und Ideen realisieren.

»Das Leben wird so, wie ich es will? Die unendliche Kraft des Universums ansammeln?«

Es ist auch in Ordnung, wenn Sie jetzt nur Fragezeichen in den Augen haben und zunächst einmal auf der Hut sind. Ich möchte Sie dazu einladen, weiterzulesen. Während Sie weiterlesen, werden Sie sich klar darüber werden, dass es nicht gelogen ist, was ich alter Mann da sage.

Aus meinem Leben und meinem Golfspiel

»Endlich, kurz vor meinem 91. Geburtstag trägt mein Leben Blüten und alles wurde frei bestimmbar.«

Wenn ich so etwas sage, brechen wahrscheinlich viele Menschen in Lachen aus: »Was? Nach so langer Zeit erst?« Oder sie bemitleiden mich vielleicht:»Das ist aber eine späte Blüte!« Aber das ist das wahre Gefühl eines alten Mannes, der dieses Jahr 96 Jahre alt wird und nun schon fast ein Jahrhundert gelebt hat.

Vor langer Zeit, nun schon vor fast siebzig Jahren, als ich auf Grund eines Vorfalles (Heilung durch Handauflegen, siehe Seite 126), von der Universitätsklinik, an der ich gearbeitet hatte, verjagt wurde, habe ich in Shibuya, in Tokio, eine Praxis für Innere Medizin eröffnet. Es war im Jahre des Mandschurischen Zwischenfalles, 1931, als Japan unter einer alles übersteigenden Rezession litt.

Danach arbeitete ich über fünfzig Jahre lang als praktischer Arzt, heilte die Krankheiten von nicht wenigen Menschen, bemühte mich, ihre Gesundheit zu unterstützen, aber mit 84 Jahren schloss ich diese Praxis und zog mit meiner Frau in das Appartement von Atami, in dem wir jetzt noch wohnen.

Es ist ein Appartement, von dem aus man einen hervorragenden Blick auf die Sagami-Bucht hat, eine ruhige Wohnung mit Pflegeservice, über die man sich als letzte irdische Wohnstätte nicht beklagen kann.

Wir können es einen gesegneten Lebensabend nennen. Aber ich lebe dort nicht irgendwie, wie ein alter Mensch, einsam und von der Welt zurückgezogen. Ich führe ein reges Alltagsleben, das keine Krankheit kennt, obwohl ich zu den Hochbetagten auf dieser Welt zähle: Ohne gesundheitliche Beeinträchtigungen lebe ich jeden Tag ein gesundes Leben.

Die Zähne sind alle meine eigenen, mein Rücken ist noch gerade wie ein Stock und ich esse und schlafe gut. Ich habe keine Probleme im täglichen Leben, Beine und Hüften sind auch in Ordnung, sodass ich normalerweise einmal die Woche in den Country Club von Mishima gehe, um mich am Golfspiel zu erfreuen. Wegen des hohen Alters kann ich etwas Langsamkeit nicht leugnen, aber ich sprühe vor Lebenslust und mit dem Alter hob sich meine Stimmung immer mehr.

Da man ein solches, gesundes, langes Leben, einen »kräftigen und zähen« alten Mann, für sehr selten hält, kommen ziemlich oft Anfragen zu Vorträgen. Deshalb fahre ich in alle Regionen, angefangen von Tokio und halte meine zweistündige Rede ohne Manuskript. Meine laute Stimme kommt aus dem Bauch und auch im Stehen habe ich keine Probleme mit der Haltung. In der übrigen Zeit schreibe ich Bücher und lese viel.

Ich glaube fest daran, dass ich meine jetzige Konstitution und Gesundheit eines sechzigjährigen erhalten kann. Nein, ich weiß sogar sicher, dass ich mich seit dem 60. Lebensjahr verjüngt habe. Im Allgemeinen nehmen Gesundheit und Konstitution ab sechzig Jahren sichtbar ab, aber in meinem Fall zeigen sie deutlich eine steigende Kurve.

Das kann ich selbst am besten spüren und das Golfspiel ist eine, für jeden sichtbare Messlatte meiner Verjüngung.

Mein Golf-Lebenslauf ist länger als fünfzig Jahre, und es gibt außer meiner Familie nichts und niemanden, mit dem ich länger eine Beziehung hatte, als mit meiner selbstentwickelten Gesundheitstechnik und dem Golfspiel.

Ich habe im Alter von etwa vierzig Jahren mit dem Golfspiel begonnen, meine Geschicklichkeit war jedoch in jüngeren Jahren eher schlecht, und erst nach meinem 60. Geburtstag wurde ich in den Kreis der Einzelspieler aufgenommen. Mit 65 Jahren hatte ich ein Handicap von 9. Ich habe neun Titel in Senior und Grand Senior Turnieren gewonnen, aber auch das erst nachdem ich 60 Jahre alt geworden war.

Mit 83 Jahren, also kurz bevor ich den Beruf als Arzt an den Nagel hing, wurde ich als »der unheimliche Doktor« in der Zeitung vorgestellt, als ich den Ball einmal 200 Yards (knapp 200 Meter) weit schlug. Inzwischen kann ich ihn weiter schlagen.

Kurzum, ich habe mich nach meinem sechzigsten Geburtstag verjüngt. Und auch das ist das Ergebnis meiner starken Wünsche: »Ich will mich verjüngen«, »ich will ein Einzelspieler werden«, und der Umsetzung einer effektiven Methode, um dieses Ziel zu erreichen. Die Verjüngung ist kein zufälliges Ergebnis, sondern wurde mir im Gegenzug für willentliche Handlungen gegeben.

Wenn man inständig darum bittet, werden die Dinge ganz sicher in Erfüllung gehen. Das ist eines der wichtigen Themen dieses Buches und die Technik dafür wird ausführlich und anhand von Beispielen beschrieben.

Zunächst möchte ich Ihnen aus meinem Leben berichten, wie ich trotz meiner schwächlichen Konstitution, ein langes und in späteren Jahren auch gesundes Leben habe, damit Sie erkennen, dass diese *Methode* auch für Sie wirken kann. Als eindrucksvolles Beispiel wähle ich das Golfspiel. Ich bitte Sie um Nachsicht für den mehr oder weniger stolzen Stil eines alten Mannes.

Mit 94 zum dritten Mal einen age-shoot

Auch wenn Sie kein Interesse am Golf haben, so haben Sie doch vielleicht schon einmal den Begriff age-shoot gehört. Das ist ein ziemlich schwieriges Spiel, bei dem man eine Runde mit einem Ergebnis in Höhe des eigenen Alters oder darunter erreicht, und ich habe das bisher drei Mal geschafft. (Age-shoot ist eine Zählweise, die in Japan und Amerika üblich ist, in Europa jedoch eher unbekannt. Die Erklärung für Golflaien: Ein normaler Golfplatz hat 18 Loch, wenn man es schafft, für den gesamten Parcours insgesamt 54 Schläge zu brauchen, also drei Schläge pro Loch, heißt das, man hat ein Handicap von Null. Hat man dies erreicht, so kann man sich auf die Schultern klopfen und in die Weltelite einreihen. Jeder Schlag mehr, wird als ein Handicap gezählt. Beim age-shoot jedoch werden die ersten 54 Schläge mitgezählt. Ein 72-jähriger dürfte also insgesamt 72 Schläge brauchen, also umgerechnet vier pro Loch, beziehungsweise ein Handicap von 18 haben, um einen age-shoot, »einen Altersschuss«, zu erreichen. Mit steigendem Alter darf man also immer mehr Schläge brauchen.)

Das erste Mal war ungefähr vor 10 Jahren, als ich 87 Jahre alt war. Als ich in den Golf Club von Mishima eintrat, hörte ich, dass dieser Parcours noch keinen age-shooter hervorgebracht hatte, und ich sagte daraufhin: »Wenn das so ist, werde ich der Vorreiter sein«, und ich alter Mann nannte frech meinen Namen und meine Adresse, krempelte die Ärmel hoch und nahm den Schläger in die Hand. Und dann – genauso wie ich es öffentlich erklärt hatte – schloss ich mit 4 unter meinem Alter, also 83, ab. Das war unter allen Professionellen und Amateuren Japans eine Heldentat ersten Ranges.

Das zweite Mal war, als ich schon den Höhepunkt von 90 Jahren überschritten hatte, mit 92. Da es hieß, dass es noch keinen 92-jährigen age-shooter in Japan gäbe, verkündete ich an meinem Geburtstag meinen Freunden, dass ich der Vorreiter werden wolle. Zwei Monate später erreichte ich ein Ergebnis von 92, das meinem damaligen Alter entsprach.

Das dritte Mal war im darauf folgenden Jahr. Noch bevor ich diesmal etwas darüber sagen konnte, flatterte mir ein »Aufforderungsschreiben« aus der Redaktion einer Golf-Zeitschrift ins Haus. »Wir hoffen, dass Sie Ihren age-shoot zum 93. erreichen« stand auf der Geburtstagskarte.

Der Redakteur hatte sicher nur ganz unschuldig mein hohes Alter preisen wollen, aber ich hatte mich entschieden, dies als eine Herausforderung aufzunehmen: »Verehrter alter Mann, machen Sie es dieses Jahr wieder?«

Ich nahm sie an: »Nun, wenn das so ist, werde ich die Hoffnungen erfüllen«. Allerdings bat ich um eine Frist von zehn Monaten. In dieser Zeit wollte ich nämlich daran gehen, meine Form zu verbessern, und meinen Schwung gemäß meinem Alter zu perfektionieren.

Aber das ist nicht einfach. Zwischen der Form, die ein gewöhnlicher Mensch sich im Kopf ausmalt, und der wahren Form, derjenigen, die der Körper in Wirklichkeit zeigt, klafft normalerweise – abgesehen von einem Genie wie Tiger Woods – eine ziemlich große Lücke. Auch auf Grund des hohen Alters war es schwieriger, als ich es mir vorgestellt hatte, diese Lücke zu schließen.

Aber ich habe nicht aufgegeben. Von Natur aus bin ich ein kämpferischer Typ. Und ich habe auch den Willen, was ich einmal ausgesprochen habe, irgendwie zu Ende zu bringen. Mehr als auf alles andere, bin ich auf mein starkes Selbstvertrauen und meine starke Willenskraft stolz, die da spricht: »Was ich mir vornehme, das kann ich auf jeden Fall verwirklichen. Bisher ist es noch nie vorgekommen, dass ich etwas nicht erreicht habe, was ich mir vorgenommen hatte. Deshalb kann ich es auch diesmal ganz sicher.«

Die Stärke, die aus dieser Überzeugung erwächst, übersteigt bei weitem die Ebene der Hoffnung und der Sehnsucht, und erreicht den Bereich, in dem das unverrückbare Vertrauen angesiedelt ist. Das ist nicht das »ich will … tun«, und auch nicht »ich will … werden«. Das ist ein Selbstvertrauen, das besagt, dass »geht nicht, gibt's nicht«, oder auch die Aussage in der Vergangenheitsform im Sinne von bereits »gekonnt«. Aus diesem Selbstvertrauen heraus konnte ich das Bild deutlich in meinem Kopf visualisieren, dass ich in der idealen

Form bereits erfolgreich meinen age-shoot absolviert hatte. Dieses Bild habe ich willentlich und klar vor dem Einschlafen visualisiert.

Ich kann bereits vor einem Ereignis Visionen von »ich habe Fortschritte gemacht« oder »ich habe es erreicht« schaffen. Diese gedanklichen Vorstellungen und klaren Visionen sind für die »Erfüllung der Wünsche« absolut notwendige Bedingungen.

Dann, als Ergebnis von Versuch und Irrtum, gelang es mir, obwohl ich ein Jahr und zwei Monate brauchte, meine Form so zu verbessern, wie ich es mir vorgestellt hatte. Gelassen rief ich in der Redaktion der Golf-Zeitschrift an und kündigte an, dass, da ich meinen Schwung perfektioniert hatte, ich mein Ziel in nicht allzu ferner Zukunft erreichen würde.

Und zwei Monate danach, beim Senior and Ladies Cup, im zweiten Versuch, vollendete ich meinen dritten age-shoot.

Das war im Jahr 1997, das Jahr, in dem ich 93 war, war bereits um und ich war 94 Jahre alt geworden und genauso betrug das Ergebnis 94.

Dieses Ereignis wurde von einem Fernsehsender aufgegriffen. In dem Bericht wurde gezeigt, dass es in der dreihundertjährigen Geschichte des Golfspiels zwei herausragende Golfer gibt. Die Reporter sagten, dass der eine der Amerikaner Bobby Jones ist, und der andere sei ich.

Bobby Jones wurde auch der »Heilige der Bälle« genannt, und tatsächlich ist das Attribut »herausragend« passend. Denn er war lebenslang Amateur-Golfer und hatte doch das berühmte Masters geschafft. Er ist bereits verstorben. Seltsamerweise sind wir beide im März des Jahres 1902 geboren. Deshalb hat man uns wohl gemeinsam vorgestellt, aber natürlich war er viel besser im Golfspiel als ich: Wenn man ihn mit dem Himmel gleichsetzt, dann bin ich die Erde, und ich geniere mich, in einem Atemzug mit ihm genannt zu werden.

Auch vorher bereits hatte die oben erwähnte Golf-Zeitschrift einen Artikel darüber geschrieben: »Bobby ist die Nummer eins, aber Shioya ist einzigartig.« Einen alten Mann rühmt man doch nicht auf diese Weise, dachte ich voll Unbehagen. Der Artikel hatte folgenden Tenor:

Bobby Jones ist ohne Zweifel der Golfer Nummer 1 in der ganzen Welt, aber da er bereits unter der Erde liegt, ist es für ihn unmöglich, seiner leuchtenden Ballkarriere jemals den Satz hinzuzufügen: »Mit 94 Jahren einen age-shoot erreicht.« Und es ist auch für die Zukunft schwer vorstellbar, dass noch einmal ein Golfer erscheinen wird, der mit 94 Jahren einen age-shoot erreichen könne. Deshalb ist Shioya, der dieses erreicht hat, sowohl rückblickend als auch in der Zukunft, ein in der ganzen Welt einzigartiger Mann.

In Amerika gibt es einige age-shooter, die über 94 Jahre alt sind, obwohl es dort kein offizieller Wettbewerb sein soll. Deshalb ist diese Aussage über mich übertrieben. Es ist zwar zu viel des Lobes, aber man muss wohl nicht extra erwähnen, dass auch für einen age-shoot Technik nötig ist. Aber wenn man so in mein Alter kommt, wird es eine wesentliche Vorbedingung, dass man wenigstens eine Kondition hat, mit der man die 18 Loch richtig spielen kann. Es ist die Mindestanforderung, dass man die Runde aller Löcher ohne Schwierigkeiten bewältigt. Die Geschicklichkeit kommt erst an zweiter Stelle.

Die Menschen, die über neunzig Jahre am Leben bleiben, sind wohl heutzutage nicht mehr so selten. Aber wie viele davon können bei bester Gesundheit mit dem Schläger in der Hand herumgehen und auf dem Rasen kräftig ausschreiten? Eine solche Kondition halte ich mit über 90 Jahren immer noch. Da darf ich doch darauf stolz sein, in der Welt zur der, der Einzigartigkeit nahen Spitzenklasse zu gehören.

Nicht nur lange zu leben, sondern »bei voller Gesundheit lange zu leben« – ein solcher Gesundheitszustand und eine solche Kondition muss doch besonders erwähnt werden. Viel mehr als über den age-shoot selbst, freue ich mich darüber und bin stolz darauf, dass ich auch jetzt, mit 96 Jahren immer noch eine Kondition habe, die das Erreichen eines solchen Zieles ermöglicht.

Dieselbe Golf-Zeitschrift fragte bei mir an, sie würden gerne, falls ich 95 Jahre alt würde, über mein erstes Spiel berichten. Dazu wollten sie allerdings, dass ich mit ihren Angestellten zusammen spielen sollte.

Also drehte ich letztes Jahr mit zwei Angestellten eine Runde auf dem Parcours. Beide waren etwa Mitte 30, also in einem Alter, in dem ein Mann auf dem Höhepunkt seiner geistigen wie körperlichen Kräfte ist. Mit diesen jungen Männern im Alter meiner Enkel machte ich ein Spiel, und schnitt nicht schlecht ab. Schließlich beendete ich mit 45 und das Spiel endete unentschieden. Zu einem Spiel gehören auch die Haltung, mit der man den Fairway beschreitet, die Geschwindigkeit und die Kraft. Auch hier stand ich ihnen in nichts nach. Auch was die Kondition anbetraf, war ich keineswegs schlechter als die jungen Männer in ihren Dreißigern.

Des Weiteren gab es auch dieses Jahr, als ich 96 wurde, eine Golf-Veranstaltung im März, um meinen Geburtstag zu feiern. Da es sich diesmal um ein Lochwettspiel über 9 Löcher handelte, kam dabei keine Gesamtwertung heraus, aber mein erster Schlag damals war fast 200 Yards (fast 200 Meter) lang, und ich verlängerte meine bisherige Schlaglänge um 50 Yards. Das kam daher, dass ich meinen Schwung verbessert hatte und nun den Ball mit dem Zentrum treffen konnte.

Dieser neue Schwung besteht darin, dass man, ohne die Muskeln zu verwenden, die Schlaglänge verlängert. Wenn man mein Alter hat, ist man, bis man das letzte Loch erreicht hat, ziemlich fertig, wenn man die Muskeln unnötig einsetzt. Die

Ermüdung der Muskeln addiert sich auf. Deshalb ist es gut, die Muskeln nicht zu benutzen. Bei diesem neuen Schwung stellt man sich eine dünne Linie im Zentrum des Rückgrates vor und benutzt diese beim Schlagen als Achse, um dann den Ball, ohne Krafteinsatz, ganz bequem zu schlagen. Das ist der Schwung, der auch im Alter von 100 Jahren noch funktioniert. Man kann den Ball damit weit fliegen lassen. Als ich derart den Fairway mit den Angestellten der Golf-Zeitschrift entlanglief, waren sie beeindruckt: »Tatsächlich, nur Shioya Nobuo kann Shioya Nobuo übertreffen!«

Ich bin nur ein Vorreiter für jedermann
Sie können ruhig der Meinung sein, ich würde mit meinen Ergebnissen prahlen. Um die Wahrheit zu sagen, es ist mir ziemlich egal, ob ich einen age-shoot schaffe oder nicht, ob ich die Nummer eins bin oder einzigartig.

Wichtig ist – ich wiederhole mich hier – dass ich auch heute noch die Gesundheit und die Kondition besitze, die solche Ergebnisse möglich machen. Außerdem ist hier interessant, dass ich nicht zufällig robust und langlebig bin, sondern dass ich mir Gesundheit und langes Leben durch das Praktizieren einer Gesundheitsmethode im Nachhinein erarbeitet habe. Wenn ich von Anfang an eine kräftige und stabile Kondition gehabt hätte, so könnte das Leben ganz zufällig diesen Schwung ausnutzen. Deshalb besäße in diesem Fall mein gesundes und langes Leben keine Allgemeingültigkeit, es wäre speziell und einzigartig und nicht als Beispiel geeignet. Von Geburt an hatte ich aber eine schwache Konstitution. Als ich geboren wurde, war es fraglich, ob ich überhaupt überleben würde, und auch später, während meiner Kindheit und Jugend war ich immer wieder von ernsthaften Krankheiten bedroht. Meine Gesundheit war ausgesprochen schlecht, ich hatte eine unterdurchschnittliche Kondition. Das heißt, meine jetzige Vitalität habe ich mir im Laufe des Lebens selbst antrainiert.

Da dies so ist, dürfte es auch für andere Menschen nicht schwierig sein, eine gesundheitliche Kraft, ähnlich der meinen zu erlangen. Mit anderen Worten: Meine Gesundheitspraktik und die daraus resultierende, gesundheitliche Kraft besitzen Allgemeingültigkeit. Es kann also jeder sich eine Kondition und eine Gesundheit, die der meinen entspricht – nein sogar auf einem noch höheren Niveau – aneignen, und dafür kann ich mit meinem Körper bürgen.

Als die Massenmedien mich als einzigartig behandelten, antwortete ich mit etwas, allerdings berechtigter Arroganz. »Das ist zu viel Ruhm für einen Körper, ich bin nicht einzigartig. Eher bin ich der ›Vorreiter für jedermann‹«

Damit meine ich, dass ich wahrscheinlich wirklich der Erste bin, der mit 94 Jahren einen age-shoot erreicht hat, und das mag zwar einmalig sein, aber nicht letztmalig. In Wirklichkeit ist es jedem möglich, ein solches Niveau von Gesundheit, Kondition und langem Leben zu erreichen.

Jeder Mensch besitzt ursprünglich die Möglichkeit und Fähigkeit, ein gesundes und langes Leben bis mindestens 100 Jahre zu führen. Ich bin ein Beweis für diese Wahrheit und glaube gleichzeitig fest daran. Wir sind Wesen, die von Natur aus derart ausgestattet sind, dass dies möglich ist.

In diesem Sinn kann man sagen, dass wir nicht gesund »werden«, sondern zu einer gesundheitlichen Kraft erwachen, die wir ursprünglich besitzen, die aber verborgen ist und nicht so ohne weiteres wieder aktiviert werden kann: Wir müssen uns diese ursprünglichen Fähigkeiten wieder erarbeiten. Und dazu ist es notwendig, sich der bereits implizit vorhandenen Möglichkeiten bewusst zu werden.

Das ist die einzige Vorbedingung, um diese inhärente Kraft der Gesundheit zu wecken und so gesund an Leib und Seele zu werden. Und nicht nur Gesundheit können wir erlangen: Alles im Leben wird so in Erfüllung gehen, wie wir es uns wünschen, und es wird sogar möglich werden, ein freies Leben zu führen.

Die Kraft der Freiheit im beruflichen Bereich

Die schöpferische Kraft der Gedanken und der richtigen Atmung verwandelt das Leben so, wie wir es wollen. Die Vorstellungskraft setzt unsere Kraft in allen Aspekten von Arbeit und menschlichen Beziehungen frei, ja, sie erzeugt sogar mehr Kraft und Energie als wir selbst haben, und hilft uns, unsere Ideen zu verwirklichen.

Dazu ein Beispiel: Eine Mutter praktizierte die Methode und beide Töchter setzten sich in Einstellungstests gegen besonders harte Konkurrenz durch. Die ältere Tochter hatte sich seit ihrer Schulzeit für das Verlagswesen interessiert und hatte bereits Schülerzeitungen herausgegeben. Deshalb nahm sie an den Einstellungstests von mehr als 40 Verlagen teil, konnte aber bei keinem bestehen. So nahm sie notgedrungen eine Stelle in der örtlichen Druckerei an.

Kurz nachdem ihre Mutter begonnen hatte, die Methode in Bezug auf die Berufswünsche ihrer Tochter zu üben, fiel der Blick des Redakteurs eines großen Verlagshauses auf eine Zeitschrift, die sie während ihrer Schulzeit herausgegeben hatte, und er ermutigte sie, den Einstellungstest seines Hauses zu machen. Bei diesem Test setzte sie sich gegen mehr als 100 Mitbewerber durch und bestand auf wunderbare Weise. Sie wurde mit Sonderberichten für eine neue Zeitschrift betraut und konnte damit sofort ihre Begabungen einsetzen.

Dann – vom Lebensweg der älteren Schwester angeregt – wollte auch die, bei einer Lebensversicherung angestellte, jüngere Schwester in die Medienbranche wechseln und nahm

am Einstellungstest eines Verlages, speziell für Berufswechs-
ler teil. Die jüngere Schwester sagte, dass der Test furchtbar
schwer gewesen war, die Chancen lagen bei 1:80, doch sie
bestand und wurde angestellt.

Natürlich hatten die beiden Töchter die Fähigkeiten und
einen brennenden Wunsch. Aber es ist auch wahr, dass sie
es nicht aus eigener Kraft geschafft hatten, sondern erst als
ihre Mutter ihre Vorstellungskraft und die Kraft des Atems
darauf richtete. Das gab der Entfaltung ihrer Möglichkeiten
einen enormen Schub.

Ein weiteres Beispiel in dieser Richtung ist ein Kalender-
verlag, der in den Strudel der Rezession geriet und dessen
Umsätze dramatisch zurückgegangen waren, der sich aber
ebenfalls durch die Kraft der Visualisierung erholte.

Dieser Verlag bietet außer den Kalendern auch die Anferti-
gung von PR-Broschüren für Firmen und das Fotografieren
von Werbefotos an. Solche Dienstleistungen sind von einer
Rezession besonders betroffen, denn in den großen Firmen
werden die drei Kostenbereiche Werbung, Fahrtkosten und
Repräsentation in konjunkturschwachen Zeiten als Erstes
gekürzt.

So gingen auch die Bestellungen bei dieser Firma drastisch
zurück. Täglich zerbrach man sich den Kopf, wie man aus
der Geschäftsflaute wieder herauskäme, die Vertreter liefen
sich die Hacken wund, aber nichts half. Dann erfuhr der
Geschäftsführer dieser Firma, dass ich einen Vortrag mit
dem Thema »Methoden zur Befreiung aus der Rezession«
halten würde.

Aus Termingründen konnte er zwar nicht selbst zum Vortrag kommen, aber er schickte einen Bekannten mit dem
Auftrag, gut zuzuhören. So wie ich es an jenem Tag gesagt
hatte, stellte sich der Geschäftsführer beim Üben der schöpferischen Kraft der Gedanken und der richtigen Atmung

deutlich vor: »Arbeit kommt, sie kommt ganz bestimmt.«
Er begann sich in lebhaften Farben vorzustellen, wie er mit
seiner Arbeit sehr beschäftigt wäre.

Mit Beginn dieser Praxis nahmen plötzlich die Anfragen
zu. Wenn er es sich, bevor er mit der Arbeit anfing, lebhaft
vorstellte, so kam an diesem Tag Arbeit herein. Natürlich
gab es auch Tage, an denen keine Aufträge kamen, aber er
hatte gelernt, positiv darüber zu denken: »Das heißt, dass
Arbeit, welche die Firma negativ belasten würde, nicht
kommt.« Der Geschäftsführer freut sich über diese Wirkung der *Methode*.

Selbstheilung bei Hepatitis C

Ein wesentliches Anwendungsgebiet meiner Methode,
durch die *schöpferische Kraft der Gedanken und der richtigen
Atmung* die unerschöpfliche Kraft des Universums zu aktivieren, ist natürlich der Bereich der Gesundheit. Dazu ein
kurzes Beispiel:

Eine Frau berichtete mir, dass sie sich mit Hepatitis C infi-
ziert hatte, aber durch das Üben der *Methode*, diese Krankheit überwand. Sie hatte vor fünf Jahren von ihrem Arzt
erfahren, dass sie diese Krankheit hatte. Er meinte: »85 Prozent der Fälle von Leberkrebs kommen von Hepatitis C.
Aber da sie sich nur langsam entwickelt, achten Sie genau
auf Ihre Gesundheit.«

Sie war schockiert von den Worten des Arztes, aber sie
hatte vorher bereits meinen Vortrag gehört und wusste von
der schöpferischen Kraft der Gedanken und der richtigen
Atmung. Bis dahin war sie relativ gesund gewesen und hatte
die *Methode* nicht praktiziert, aber nach dieser Eröffnung
begann sie, sie zu üben. Der Erfolg zeigte sich zunächst in
einer stabilen Psyche.

»Es gibt auch Menschen, die trotz Hepatitis C keinen Krebs bekommen. Es wäre ja gut, wenn ich zu diesen Menschen gehören würde. Und selbst wenn ich Krebs bekommen sollte, reicht es, das Fortschreiten aufzuhalten, sodass ich ein langes Leben habe.«

Sie lernte so, positiv in die Zukunft zu denken. Und dann strengte sie sich an, sich die Form einer gesunden Leber vorzustellen. Da sie eine Ausbildung als Ärztin für Akupunktur und Moxibustion hatte und sich auch mit westlicher Medizin beschäftigt hatte, wusste sie genau darüber Bescheid, wie eine gesunde Leber aussieht und wie sie sich verändert, wenn sie krank wird.

Eine gesunde Leber ist eckig, wenn sie aber von Hepatitis befallen wird, erscheinen die Ecken bei der Ultraschalluntersuchung abgerundet. Wenn sich der Zustand einer Leber verändert, verändert sich entsprechend ihre Form. Da sie davon wusste, war es für sie leicht, sich deutlich eine gesunde Leber vorzustellen, und das half gewaltig bei der Heilung der Hepatitis.

Als sie sich etwa drei Jahre später wieder untersuchen ließ, war die Menge der Viren sehr stark zurückgegangen und auch der Basiswert, der Hepatitis anzeigt, hatte sich auf einen, dem Normalwert sehr nahen Wert verringert.

Sie war über diese Wirkung sehr erstaunt, beschloss aber nun, sich auch an die Heilung des Heuschnupfens zu wagen, an dem sie bereits seit 30 Jahren litt. Jedes Jahr, wenn es Frühling wurde, musste sie ständig niesen. Es juckte stark in der Nase und war sogar so schlimm, dass sie Fieber bekam und zum Hals-Nasen-Ohren-Arzt gehen musste. Wenn sie nach draußen ging, konnte sie nicht auf Spezialmütze, Mund- und Nasenschutz sowie Brille verzichten. Es war eine lästige Sache, für die es keine wirklich helfende Arznei gab, sodass sie nichts anderes tun konnte, als es zu ertragen und auf das Ende der Jahreszeit zu warten.

Sie visualisierte sich selbst, wie sie ohne Brille und Mund- und Nasenschutz draußen herumspaziert. Das führte zu unmittelbaren Ergebnissen und die Symptome des Heuschnupfens verschwanden vollständig.

Jetzt ist diese Dame sogar eher dankbar dafür, dass sie einmal Hepatitis hatte, weil ihr dies die Gelegenheit gegeben hatte, die *schöpferische Kraft der Gedanken und der richtigen Atmung* zu üben. Sie ist überzeugt davon, wenn sie keine Hepatitis bekommen hätte oder die Krankheit nicht so schlimm gewesen wäre, hätte sie nicht täglich die *Methode* geübt. Schwere Krankheiten bieten also auch die Chance, sein Leben besser und gesünder zu führen und so kam sie zu dem Schluss, dass es nichts Unnützes im Leben gibt. Außerdem hatte sie während der Übungen das Gefühl und die innere Gewissheit erhalten, dass der Mensch in seinem Leben von einer höheren Existenz beschützt wird.

In letzter Zeit wird übrigens eine Heilmethode propagiert, bei der Krebs mittels Visualisierungen geheilt wird. Man stellt sich dabei vor, dass die als Killer-Zellen bezeichneten Zellen des Immunsystems die Krebszellen auffressen. Dies stärkt das Immunsystem des Patienten und ist als wirksames Heilmittel gegen Krebs bestätigt worden. So stark ist die Vorstellungskraft!

Ich werde in den nächsten Kapiteln noch auf die Anwendungsmöglichkeiten meiner *Methode* genauer eingehen, merken Sie sich aber bitte, dass der Schlüssel für die Aktivierung der Kraft des Universums darin liegt, dass man »**inständig darum bittet**«. Worum man inständig bittet, das geht in Erfüllung. Mit der Kraft der Visualisierung und der richtigen Atmung kann man in Freiheit leben und seine Möglichkeiten stark erweitern.

Es ist die Bestimmung von mir altem Mann, dieses Wissen weiterzugeben.

Die Kraft der Vorstellung

Zwei Beispiele

Obwohl ich Arzt bin, habe ich an mir selbst erfahren, dass der Graue Star ohne ärztliche Hilfe geheilt wurde.

Trotzdem ich gesund bin, altere ich natürlich auch. Zu einem gewissen Grad entkomme auch ich nicht den Phänomenen, die das hohe Alter so mit sich bringt. Etwa mit 85 Jahren fühlte ich, wie meine Sehkraft nachließ. Als ich mich von einem Arzt untersuchen ließ, da war doch tatsächlich meine Augenlinse trübe. Mit der Diagnose »Grauer Star« empfahl man mir eine Operation.

»Gibt es keine andere Heilmethode außer einer Operation?«

»Nein, die gibt es nicht.«

Der Arzt sagte es in einem Tonfall der Selbstverständlichkeit. »Ach so?«, lachte ich und ging nach Hause. Danach ging ich nicht mehr zum Arzt. Wie kam das? Nun, während ich täglich die *Methode* übte, entwickelte ich die gedankliche Vorstellung, dass der Graue Star geheilt würde, dass er bereits geheilt sei, dass er vollständig geheilt sei, und malte es mir öfters aus, wie er vollständig geheilt wäre.

Währenddessen konnte ich fühlen, wie meine Sehkraft allmählich zurückkehrte. Und als ich mich dann von einem anderen Arzt untersuchen ließ, da sagte er, dass geringfügige Symptome eines Grauen Stars zu sehen seien, aber *er sei im Anfangsstadium.* Er war nicht im Anfangsstadium. Er war auf dem Weg der Heilung. Ich ließ mich natürlich nicht operieren und jetzt ist der Graue Star komplett verschwunden.

Kurz darauf begann ich von Prostatavergrößerung geplagt zu werden. Ich konnte schlecht urinieren und hatte ständig das Gefühl einer vollen Blase. Ich übte genauso wie beim Grauen Star die *Methode*, stellte mir vor, dass die Prostata geheilt sei, aber dies zeigte keine guten Ergebnisse, die Symptome wurden allmählich schlimmer, und als ich neunzig Jahre alt war, kam fast kein Urin mehr.

Jedes Mal, wenn ich urinieren wollte, tröpfelte es nur, und ich verbrachte meine Zeit auf der Toilette vergeblich. Warum wohl? Nachdem ich hin- und her überlegt hatte, wusste ich endlich, warum: Die Stärke der gedanklichen Vorstellung und die Art und Weise, in der ich mir die Vision ausmalte, reichten nicht aus. Mir wurde klar, dass die Vorstellungskraft in der Intensität, die für den Grauen Star gereicht hatte, nicht für die Heilung der Prostata genügte.

Also verstärkte ich die gedankliche Vorstellung diesmal noch mehr, behauptete, dass ich geheilt sei, und konzentrierte mich auf die Vision, dass der Urin sich mit voller Kraft in einem starken Strahl ergießen würde. Und was passierte dann? Am nächsten Morgen kam erst ein Strahl, so dünn wie ein Baumwollfaden, der dann aber immer dicker wurde, und nach einer Woche war auch dies völlig geheilt.

Ich habe eine Alterskrankheit, von der man sich sonst ganz sicher nicht von alleine erholt, allein mit der Atemtechnik und der starken Kraft der gedanklichen Vorstellung völlig geheilt. Noch dazu als neunzigjähriger. Ich wurde sogar von einem Urologen lautstark als Lügner bezeichnet. Wenn man von seinem Allgemeinwissen oder von seinem medizinischen Wissen ausgeht, ist das durchaus verständlich. Es dürfte auch nicht wenige Leser geben, die eine derart rasche Heilung kaum glauben können.

Es geht mir auch nicht darum, Wunder zu beweisen, aber Medizin und Chemie haben nicht das Wissen der gesamten Welt für sich gepachtet und es gibt viele Phänomene, die sich der rationalen Erklärung auf der Grundlage unseres derzeitigen Wissenstandes entziehen. Man kann die Tatsache, dass sich Krankheiten durch Vorstellungskraft bessern, nicht einfach als Lüge und Aberglauben abtun. Sagt man nicht im Japanischen, dass die Krankheit aus dem Geist (*Ki*) kommt? Wenn dem so ist, so ist es überhaupt nicht unverständlich, dass sie auch mit Vorstellungskraft geheilt werden kann.

Glaube und Visualisierung

Gewiss kann man auch den Placebo-Effekt mit der Kraft der Gedanken erklären. Placebos sind Scheinmedikamente und man hat in vielen Versuchen nachgewiesen, dass sich wirklich eine Heilwirkung zeigt, wenn der Patient glaubt, es sei ein echtes Medikament und es einnimmt.

Bei einem psychologischen Test sagte man Krebspatienten, die nur noch ein halbes Jahr zu leben hatten, mit dem Einverständnis der Familie, dass die Diagnose des Arztes falsch sei und es sich nur um eine leichte Erkrankung handle. Außerdem habe man ein wunderbares neues Medikament entwickelt: Wenn sie das einnähmen, würden sie geheilt. Da die Patienten an diese zwei Punkte fest glaubten, besserte sich ihr Befinden dramatisch, obwohl sie ein, in Wirklichkeit unwirksames Medikament bekamen.

Es ist auch erwiesen, dass sich große Unterschiede in der Wirkung zeigen, je nachdem, ob der Patient es widerwillig nimmt: »da es ja doch nichts hilft«, oder ob er es mit einer optimistischen Vision: »das wirkt ja toll«, einnimmt. Wie zum Beispiel mit dem Gedanken, dass es auf jeden Fall wirken würde, da es ja von dem vertrauenswürdigen Arzt A kam. Wenn die Patienten so dachten, verstärkte sich die Wirkung um das Doppelte und Dreifache bei der Einnahme.

Diesen Placebo-Effekt kann man aber auch medizinisch mit der Funktion der natürlichen Heilungskraft des menschlichen Körpers erklären. Wenn man mit einer guten Vision und einer starken gedanklichen Vorstellung das Medikament einnimmt, werden die wichtigsten Organe des Immunsystems angeregt und ihre Funktionen werden aktiviert. Diese Nachrichten werden von den Nerven verbreitet, die Anzahl der Lymphozyten im Blut wird erhöht, die Immunkraft gegen die Krankheit wird verstärkt und man schlägt den Weg der Besserung ein.

Die natürliche Heilkraft, mit welcher der Mensch von Geburt an ausgestattet ist, ist viel stärker, als die Menschen selbst denken: Sie hat die Kraft, alle möglichen Krankheiten zu besiegen. Um allerdings diese natürliche Heilkraft in Bewegung zu setzen und genügend Wirkung auszulösen, muss man im tiefsten Herzen daran glauben. Man kann also durch die Kraft der Visualisierung auch ein »Wunder« aus sich selbst herausholen.

Der Placebo-Effekt wird somit durch Gedanken und Visualisierung hervorgerufen, und der Grad der Wirkung hängt auch von der Stärke der gedanklichen Vorstellung ab. Es gibt Menschen, die Erfolg haben und solche, die keinen haben, obwohl sie sich genauso anstrengen. Das kommt häufig in der Welt vor, aber es wäre falsch, dies als eine Frage von Glück oder Pech abzutun.

Wie sehr man daran glaubt oder nicht, das unterscheidet Erfolg von Misserfolg. Menschen, die viel Glück haben und deren Wünsche in Erfüllung gehen, haben oft eine doppelt so starke gedankliche Vorstellungskraft. Es sind Menschen, die den Placebo-Effekt im Leben gut verstanden haben.

Wer höher als in den zweiten Stock hinauf will, erschafft sich eine Leiter, anders ausgedrückt: Wenn ein Wunsch in Erfüllung gehen soll, ist es wichtig, dass man inständig darum bittet und sich das zu erreichende Ziel mit aller Kraft vorstellt.

Ein starker Glaube kann selbst das Wetter verändern
Die Aborigines, die Ureinwohner Australiens nehmen auch
bei langen Wanderungen durch die Wüste wenig Wasser mit
und keine Nahrungsmittel. Es heißt, dass sie durch Gebete und
gedankliche Vorstellungen jedes Mal das Nötige finden.
Sie beten zum Himmel, dass er ihnen auch heute wieder
Speise geben möge und visualisieren zum Beispiel einen
Vogel und genau dann kommt ein Vogelschwarm geflogen.
Sie fangen einige Vögel und so haben sie Nahrung für den
Tag. Deswegen glauben die Aborigines fest und ohne Zweifel daran, dass die Vorstellung sich ganz sicher erfüllt. Und
man kann behaupten, dass sie deshalb die Fähigkeit haben,
ihre Vorstellungen zu verwirklichen.
Manche mögen sagen, das sei eine, nur diesen Aborigines
eigene Fähigkeit, doch ich bin anderer Meinung. Auch wir
hatten früher diese Vorstellungskraft, aber jetzt haben wir
sie verloren. Nein, wir haben sie nicht verloren, wir haben
sie nur vergessen. Könnte man also diese schlafende Fähigkeit aufwecken und aktivieren, so sollte es möglich sein, dass
auch wir unsere Vorstellungen verwirklichen können.
Das ist schon zwanzig Jahre her – als ich etwa 75 Jahre alt
war, habe ich zusammen mit meiner Frau eine Reise in die
Schweizer Alpen gemacht. Es war eine wunderbare Reise
bei schönstem Wetter, aber aus irgendeinem Grund war nur
an dem Tag, an dem wir den Mont Blanc besichtigten, der
Himmel mit dicken Wolken verhangen. Jedenfalls stiegen wir
bis zur Aussichtsplattform hinauf, wo wir in dichte Wolken
eingeschlossen waren und die Sicht gleich Null betrug, und
außerdem war es schrecklich kalt.
Die meisten, auch meine vor Kälte zitternde Frau, gaben
vorerst auf und beschlossen mit enttäuschten Gesichtern
wieder abzusteigen. Nur ich blieb dort oben. Zu diesem Zeitpunkt hatte ich die absolute Gewissheit, dass in Kürze die
Wolken aufreißen würden. Es war fast eine Überzeugung,

die noch stärker als eine Visualisierung oder gedankliche Vorstellung war.

»Es kann nicht sein, dass, wo ich jetzt hier bin, der höchste Berg der Alpen, der Mont Blanc, nicht seine majestätische Größe zeigen sollte.«

Ich steigerte mich in diesen ziemlich unbegründeten Gedanken hinein. Allerdings wusste ich aus meinen bisherigen Erfahrungen, dass ein solches Hineinsteigern in Gedanken manchmal zur Erfüllung führt. Als ich dann schließlich doch absteigen wollte, hielt mich ein Ehepaar, mit dem ich mich während der Reise angefreundet hatte, zurück: »Warten Sie doch noch ein bisschen, es müsste gleich aufreißen.« Auch dieses Ehepaar hatte sich schon lange auf die Alpenrundreise gefreut und sich intensiv darauf vorbereitet und so wünschten sie es sich ebenfalls sehnlichst.

Also blieb ich noch und kaum zwei bis drei Minuten später begannen sich die Wolken nach unten zu bewegen, als ob sie vom Himmel gedrückt würden. Während ich das beobachtete, eröffnete sich mir ein kurzer Ausblick und wenig später breitete sich ein wolkenloser Himmel über uns aus, und genau vor uns zeigte sich der majestätische Anblick des Mont Blanc. Wir waren sprachlos und in diese herrliche Aussicht vertieft.

Als ich plötzlich nach unten sah, war ich wieder erstaunt. Die Wolkenwand, die uns vorhin eingeschlossen hatte, bildete nun unter uns ein weites Wolkenmeer. Aus dem Wolkenteppich ragten hier und dort die einzelnen Spitzen des Matterhorns und anderer Berge heraus. Auch diese Landschaft war so großartig und schön, dass sie kaum von dieser Welt sein konnte. Mit angehaltenem Atem genossen wir eine Weile den Anblick.

Ich glaube, dass dies ein wunderbares Geschenk des Mont Blanc an mich und dieses Ehepaar war, so wie die Natur die Gebete der Aborigines beantwortet und ihnen Nahrung gibt. Die Natur antwortete auf den festen Glauben, dass wir unbedingt den Mont Blanc sehen wollten, dass die Wolkendecke bald aufreißen würde und dass es unmöglich nicht aufklaren könne.

Verjüngung

Als ich 94 Jahre alt wurde, hatte ich die Idee, ein Treffen zum 70-jährigen Studienabschluss zu veranstalten, blätterte in einer alten Namensliste und schrieb den einen oder anderen an. Die Antwortschreiben sahen wie Todesnachrichten aus, in denen die Familie nur mitteilte, wann der Betreffende verstorben war. Die Teilnehmer waren nur ich und ein weiterer Studienkollege, so dass wir zwei 94-Jährigen – zusammen mit einigen Teilnehmern aus dem Himmel – ein tief bewegtes Klassentreffen veranstalteten.

Dieser einzige andere Klassenkamerad lebte zwar noch, aber er war schon sehr gealtert. Nur ich war, je älter ich wurde, immer gesünder geworden, und wie ich es schon beschrieben habe, waren auch mit über neunzig Jahren meine Kondition und mein Gesundheitszustand dem Gefühl nach eher besser als je zuvor. Auch wenn ich älter werde, behalte ich doch meinen bisherigen Gesundheitszustand bei, oder aber Kondition und Gesundheitszustand verbessern sich sogar. Das ist von der Biochemie des menschlichen Körpers her gesehen unmöglich.

Genau das passiert aber mit meinem Körper. Es ist die Wirkung der Vorstellungskraft und der Atemtechnik.

Das 8. Loch des Golf Clubs, bei dem ich Mitglied bin, ist ein aus Hügeln bestehender Parcours. Der Weg von der Abschlagzone bis zum Fairway steigt stetig die ganze Zeit an, und auch auf dem Fairway geht der Hang weiter. Ich habe diesen ansteigenden Weg seit Beginn meiner Mitgliedschaft dort gehasst. Wenn beim Spiel dieses 8. Loch an die Reihe kommt, feuere ich mich beim Laufen selbst unwillkürlich mit einem regelmäßigen »yo-kora-sho« an, und mir geht die Luft fast aus. Dies ist nun wirklich greisenhaft, so hatte ich die Idee, den Putter umzudrehen und als Stock zu benutzen, und damit konnte ich nun den Hang hinaufsteigen.

Da dieser Klub erst vor kurzem gegründet wurde, sind viele der Mitglieder junge Leute und auch ihre Laufgeschwindigkeit ist anders. Während des Spieles lief ich nicht langsamer als die jungen Mitglieder, aber auf dem Weg zum Klubhaus nach Ende des Spieles, blieb ich doch tatsächlich wegen der Müdigkeit in Beinen und Hüften hinter der Gruppe zurück und ging mit schlürfenden Schritten hinterher.

Das ist langweilig, sehr langweilig. »Aber«, dachte ich, »wenn man mein Alter bedenkt – da lässt sich nichts ändern.« Doch auf einmal kam ich auf die Idee, meine müden Beine und Hüften zu verjüngen.

Während ich also die Kraft der Gedanken und den richtigen Atem einsetzte, stellte ich mir deutlich vor: »Mein Körper hat sich verjüngt, er hat sich verjüngt. So ein Hügel macht mir gar nichts aus, den kann ich locker hinaufgehen«, und ich visualisierte mich, wie ich ohne Stock forsch den Fairway hinaufschritt.

Des Weiteren bemühte ich mich, mir auf der inneren Leinwand auszumalen, wie ich auf dem Rückweg nicht hinter der Gruppe zurückblieb, sondern mit den Sportfreunden zusammen ging. Als ich das etwa drei bis vier Tage praktiziert hatte, kam der Tag meines wöchentlichen Spiels.

Als ich mich nun tatsächlich auf dem Parcours befand und der Hügel des 8. Loches an die Reihe kam, konnte ich den einst so anstrengenden Hügel ohne Probleme hinaufsteigen. Die Füße ließen sich auch leicht anheben und natürlich brauchte ich keinen Stock. Auch auf dem Weg zurück

37

zum Klubhaus konnte ich ohne zurückzubleiben, neben allen anderen hergehen. Und nicht nur das! Obwohl ich bisher vom Klub bis nach Hause immer mit dem Taxi fahren musste, konnte ich diesmal – wie alle anderen auch – mit dem Bus und der Bahn nach Hause fahren, da ich mich nicht so müde fühlte.

Auch am nächsten Morgen konnte ich, obwohl ich mich sonst am Morgen danach im Bett gewälzt hatte, sofort aufstehen und ohne Hindernisse den Tag beginnen. Außerdem war dieser Zustand nicht auf dieses eine Mal beschränkt, sondern er hält bis heute unverändert an. Mein Körper hat sich eindeutig verjüngt.

Auch die Zeiger der körpereigenen Uhr können zurückgedreht werden

In Wirklichkeit ist es schwieriger, sich derart zu verjüngen, als eine Krankheit zu heilen. Bei einer Krankheit arbeitet die natürliche Heilkraft mit, um den Körper auf den Weg der Heilung zu bringen, aber einen Körper, der im Alterungsprozess natürlich abbaut, zu verjüngen, ist so etwas, wie die Zeiger der Uhr zurückzudrehen. Eine solche Umkehrung ist keine der natürlichen Fähigkeiten von uns Menschen. Eine Grippe kann man heilen, ohne Medikamente einzunehmen, aber es ist normalerweise unmöglich, einen gebeugten Rücken wieder aufzurichten.

Nur die Vorstellungskraft allein macht dies möglich. Das glaube ich jedenfalls. Und ich bin ein gutes Beispiel dafür. Es ist nämlich noch etwas Ähnliches geschehen:

Auf Grund meines hohen Alters passierte es mir manchmal, dass ich etwas vergaß, und besonders als ich über neunzig Jahre alt war, passierte es mir häufig, dass, wenn ich mich mit anderen Menschen unterhielt, ich mitten in der Unterhaltung die Worte vergaß. Ich konnte mich überhaupt nicht mehr an Namen von Menschen und Bezeichnungen von

Dingen erinnern, oder sie lagen mir auf der Zunge, aber ich konnte sie irgendwie nicht aussprechen. Da irrte ich in der Umgebung der richtigen Antwort herum: »Wie sagt man da noch...«, oder drückte es anders aus und stahl mich aus der Situation davon und begann mich zu wiederholen.

Wenn ich mich mit ebenfalls betagten Menschen unterhalte und so etwas passiert, so ist es mit einem Witz abgetan, aber auf Vorträgen oder wenn ich mich mit jungen Leuten über meine Veröffentlichungen unterhalte, irritiere ich den Gesprächspartner nur damit, dass ich den Faden verliere oder Dinge vergesse. Bei einem derart unterbrochenen Gedankenfluss werden die Gespräche und die Begegnungen mit Menschen mühsam.

Eine Weile lebte ich so, aber eines Tages entschloss ich mich »So! Jetzt versuche ich, diese Vergesslichkeit zu kurieren!« Und ich wiederholte: »Meine Gehirnzellen verjüngen sich«, und ich schickte die Vorstellung an meine Gehirnzellen, damit sie in diese eindringen könne. In Gedanken und mit Gefühl visualisierte ich detailliert die Form der Zellen und stellte mir deutlich vor, wie sie lebhaft funktionieren. Die Wirkung stellte sich nach kurzer Zeit ein.

Ich bin nicht mehr um Worte verlegen, sondern kann direkt auf die Worte, die ich gebrauchen will, zugreifen. Es ist nicht mehr mühsam, mich mit Menschen zu unterhalten und ich kann auch meine Vorträge frei halten.

Siebzig Prozent der menschlichen Gehirnzellen schlafen, und es gibt eine Theorie, nach der sie überhaupt keine Funktion haben. Das sieht zwar, auf den ersten Blick, recht plausibel aus, aber es stimmt in Wahrheit nicht. Der menschliche Körper entspricht dem Universum, und es gibt nicht ein einziges, nutzloses Ding. Dass siebzig Prozent der Gehirnzellen zu null Prozent effektiv sind, das kann es nicht geben.

Es ist viel näher an der Wahrheit anzunehmen, dass jede einzelne Gehirnzelle nur dreißig Prozent ihrer Kraft einsetzt. Alle Zellen arbeiten, aber jede setzt nur dreißig Prozent ihrer jeweiligen Kraft ein. Die restlichen siebzig Prozent sind inaktiv.

Wie wäre es, wenn man sich vorstellen würde, »meine Gehirnzellen verjüngen sich, sie entfalten ihre Fähigkeiten zur Gänze«, und mit der Atemtechnik frischen Sauerstoff und Energie in den Körper aufnehmen würde? Die inaktiven siebzig Prozent würden ebenfalls aktiv werden und man wäre mit der vollen Arbeitsfähigkeit von hundert Prozent ausgerüstet. Es schlummern noch viele verborgene Fähigkeiten in inaktivem Zustand in unserem Körper. Könnte man diese unbekannten Kräfte im Alltag wirken lassen, so könnten die Möglichkeiten des Menschen bis ins Unendliche gesteigert werden.

Derzeit fertige ich überhaupt keine Manuskripte für meine eineinhalb- bis zweistündigen Vorträge an. Ich mache mir auch keinerlei Notizen. Ich hole alles vor Ort aus den Schubladen in meinem Kopf hervor und kleide es in Worte, um darüber zu sprechen. Ich bleibe kein einziges Mal in meiner Rede stecken und verspreche mich auch nicht. Auch Fragen kann ich aus dem Stegreif beantworten.

Viele sind erstaunt darüber, wie rasch und intensiv die *Methode* bei mir wirkt, das kommt aber durch die Übung. Dadurch habe ich eine stärkere »Kraft der Gedanken« entwickelt als andere Menschen und ich glaube auf Grund meiner eigenen Erfahrungen zu hundert Prozent an die Wirksamkeit dieser Visualisierungen und setze sie im Alltag in den verschiedensten Fällen ein. Dies ist es, was mich und meinen Körper verjüngt.

Der Zen-Mönch Dôgen sagte, dem Sinne nach: »Wenn du etwas willst, dann denke immerzu daran, ob du wachst oder schläfst. Wenn du das tust, dann werden auch schlechte Gedanken in Erfüllung gehen.« Es ist schade, dass häufig das Böse in der Welt gedeiht und die Gier der, dieses Böse ausübenden Menschen – obwohl sie fehl am Platze ist – aufrichtig ist, weil die meisten von ihnen leidenschaftlich bei der Sache sind.

Wenn man deshalb mit demselben Eifer positive gedankliche Bestätigungen von »… habe ich getan« und »…habe ich geschafft« aussendet, sammelt sich die Energie für die Verwirklichung in unserem Inneren an, und sie wird nach außen geleitet, sodass der Wunsch in Erfüllung geht.

»Körper und Geist können sich durch die Kraft der Gedanken verjüngen.« Das habe ich so geschrieben, aber in Wirklichkeit ist es unmöglich, dass Kondition und Zellen sich verjüngen. Deshalb verjüngen wir uns durch die Vorstellungskraft eigentlich nicht, sondern kehren zum ursprünglichen Sollzustand der Gesundheit zurück.

Man kann getrost behaupten, dass der Mensch ein Lebewesen ist, das im optimalen Fall, bei bester Gesundheit geboren wird, und bei dem dann diese Lebenskraft Stück für Stück abnimmt. Die Zeit als neugeborener Säugling ist so betrachtet der »gesündeste Zeitpunkt« im Leben, danach durchläuft dieses Lebewesen einen Prozess, bei dem dieser Gesundheitszustand durch spätere Ursachen, wie Krankheiten, Vernachlässigung der Gesundheit und Stress reduziert wird.

Obwohl man ursprünglich als ein kräftiges und schnelles Pferd geboren wird, verringert sich die Kondition durch viele negative Einflüsse, man bekommt nicht genug Nahrung und wird zu einem schwachen und abgemagerten Pferd. Dieser abgemagerte Klepper ist der Zustand der heutigen Menschen. Mit anderen Worten: Gesund werden heißt nicht, Gesundheit zu erlangen. Es bedeutet, den negativen Zustand in den ursprünglichen, normalen Zustand zurückzuversetzen, und das sieht dann so aus, als ob man verhältnismäßig robust geworden sei und der Gesundheitszustand sich verbessert hätte.

Dass meine Beine und Hüften kräftiger wurden und meine Gehirnzellen wieder auflebten, ist nur durch die Vorstellung des Sollzustandes, des ursprünglichen Gesundheitszustandes und der Lebenskraft wieder erreicht worden, und es sieht nur so aus, als ob ich mich, im Vergleich zu vorher und zu anderen Menschen, verjüngt hätte.

Gesundheit bedeutet lediglich, zum ursprünglichen Sollzustand zurückzukehren.

Daraus ergeben sich zunächst einmal die folgenden beiden Punkte:

1. Jeder kann gesund werden.
2. Der größte Teil der menschlichen Fähigkeiten liegt brach.

Zu Punkt 1: Da jedem dieser »Sollzustand« angeboren ist, hat jeder die gleichen Möglichkeiten, selbst wenn er sich jetzt im Zustand eines Kleppers befindet, je nachdem, wie viel Energie er dafür investiert, in den Zustand eines schnellen Pferdes zurückzukehren. Deshalb können auch Sie es, verehrte Leserinnen und Leser, wenn ich es gekonnt habe. Ich konnte es gestern und Sie können es morgen – einen größeren Unterschied gibt es zwischen uns nicht.

Zu Punkt 2: Aus einem etwas anderen Blickwinkel betrachtet, kann man feststellen, dass der Mensch in seinem Körper einen Schatz an brachliegenden, verkümmerten Fähigkeiten besitzt. Die Placebo-Wirkung, einfach durch die Macht des Glaubens, ist dafür ein Beispiel. Außerdem gibt es das geflügelte Wort von den »Bärenkräften in der Not«: In Notfallsituationen kommt es vor, dass ein Mensch Kräfte entfaltet, die seine normalen Fähigkeiten bei weitem übersteigen. Man kann diese, in Extremzuständen aktivierten Kräfte, aber als den Pegel unserer ursprünglichen Kraft ansehen. Wenn wir uns dessen nicht bewusst sind, lassen wir große Fähigkeiten latent in uns schlummern. Indem man diese Bärenkräfte nicht nur in der Not, sondern im Normalfall entfaltet, kann man sie in den Dienst der Verwirklichung seiner Gesundheit und der Erfüllung seiner Wünsche stellen. Wie bereits wiederholt gesagt, ist es die gedankliche Vorstellung, die Kraft der Visualisierung, welche dies ermöglicht.

Physiologische und genetische Grundlagen

»Jeder will lange leben. Aber keiner will älter werden.« Dieser – ironisch gemeinte – Ausspruch trifft den Nagel auf den Kopf und ist durchaus ernst zu nehmen, denn es ist jedem möglich, so wie ich, lange zu leben und sich seine Kraft zu erhalten.

Bis zu hundert Jahre gesund leben – das ist auf der Ebene der Gesundheit der Sollzustand des Menschen, da dies den ursprünglichen, latenten Anlagen des Menschen entspricht. Jeder hat eine Lebensspanne von hundert Jahren bekommen, jeder hat die Fähigkeiten, voller Vitalität hundert Jahre zu leben. Wenn wir also diese Fähigkeiten auf natürliche Weise entfalten, können wir lange leben, ohne zu »altern«.

Daneben gibt es auch die Theorie, dass der Mensch genetisch dafür angelegt ist, 125 Jahre alt zu werden. Die Lebensspanne der Säugetiere berechnet sich aus dem fünffachen Zeitraum der Zeitspanne von der Geburt bis zur Reife, und unsere Muskeln und die Zellen der Organe wachsen bis zum Alter von 25 Jahren. Deshalb lautet die Theorie, dass wir bis 5 x 25 = 125 Jahre leben können, ich persönlich halte dies aber für eher unwahrscheinlich.

Und warum? Weil es fast keine Menschen gibt, die tatsächlich 125 Jahre alt wurden. Es gibt also für diese Theorie von einem 125-jährigen Leben kaum Beweise. Es ist zwar richtig, dass die Muskeln und die Zellen der Organe bis zum Alter von 25 Jahren wachsen, doch ich glaube, dass sie nicht der Bezugspunkt sein sollten.

Mit fünf multiplizieren sollte man nicht das Alter, in dem die Zellen der Organe, sondern dasjenige, in dem die Gehirnzellen aufhören zu wachsen. Die Gehirnzellen wachsen bis zum Alter von zwanzig Jahren. Mit zwanzig Jahren hören sie auf zu wachsen und nehmen dann in der rasenden Geschwindigkeit von 100.000 pro Tag ab. Deshalb muss man bei der Berechnung des Lebensalters des Menschen dieses Alter, in dem die Gehirnzellen aufhören zu wachsen, mal fünf nehmen, und dabei kommt man auf eine Zeitspanne von hundert Jahren.

Allein hier in Japan leben etwa 9000 Hundertjährige. Deshalb hat das auch eine Beweiskraft. Warum brechen mehr als die Hälfte von uns ihre gegebene Lebensspanne ab, indem sie ihre Fähigkeiten verdrängen und brach liegen lassen, wenn es doch selbstverständlich ist, dass man hundert Jahre alt werden kann? Wie bereits vorher erwähnt, behindern verschiedene negative Ursachen die angeborene Lebenskraft.

Viele von denen, die tatsächlich hundert Jahre alt sind, scheinen von Geburt an gesund und kräftig gewesen zu sein. Es gibt sehr viele, die keine besondere Gesundheitspraktik anwenden. Sie sind von Anfang an mit einer gesunden Anlage ausgestattet, ihr Immunsystem ist stark und sie haben wohl auch ein dickes Fell gegen negative Einflüsse. Dies ermöglicht ihnen ein langes Leben.

Wenn dem so ist, sind dann Gesundheit und ein langes Leben nicht von angeborenen Anlagen bestimmt? Nein, das ist nicht so. In meiner Kindheit war meine Lebenskraft fast null. Meinen derzeitigen hervorragenden Gesundheitszustand und mein überaus langes Leben habe ich mir durch meine eigene Atemtechnik und meine *Methode* der Visualisierung angeeignet.

Jeder hat die Möglichkeit, hundert Jahre alt zu werden. Das

ist die Lebensspanne, die uns der Himmel gegeben hat, das ist unser ursprünglicher Sollzustand. Wir müssen nur durch die Anwendung der Vorstellungskraft und der Atemtechnik die angeborene Lebenskraft entfalten, diesen Soll-Zustand aktivieren und in den Ist-Zustand überführen.

Die Konzentration auf das Ziel
1. ein klares Ziel haben
2. an die Verwirklichung des Zieles glauben
3. auf das Ziel hin handeln.

Eine solche Einstellung ist notwendig, um die latenten Fähigkeiten zu erwecken. Zum Anvisieren eines klaren Zieles möchte ich Ihnen ein Beispiel geben, an dem ich nur indirekt beteiligt war.
Es ging darum, dass ich von einer großen Firma in Tokio um einen Vortrag über Gesundheit gebeten worden war. Ich fragte mich allerdings, ob das, von der Geschäftsführung gewünschte Thema: »Gesundheit« für die Angestellten von irgendeinem Interesse sein würde, schließlich handelte es sich durchwegs um junge, gesunde Menschen, die wohl wenig Interesse an den Erzählungen eines alten Mannes über Gesundheit hätten. Außerdem war mein Name nicht sehr bekannt und der Eintritt war ziemlich teuer. Deshalb dachte ich, dass nicht so viele Leute kommen würden und es schon großartig wäre, wenn die Hälfte der Plätze besetzt wäre.
Etwa eine Woche vor dem Vortragstermin rief mich der organisierende Abteilungsleiter mit der Nachricht an, dass, obwohl der Termin vor der Tür stand, kaum Anmeldungen vorlagen. Bei der Ankündigung war er von hundert Teilnehmern ausgegangen, aber bisher waren es leider nur dreißig. Und er bat mich ziemlich eigennützig, ob ich nicht mit meiner Vorstellungskraft die Anzahl der Zuhörer auf hundert erhöhen könne. Er hatte mein Buch gelesen und

wusste über die *Methode* Bescheid. Ich antwortete ihm folgendermaßen:

>>Diese Gelegenheit hat eine große Bedeutung für Ihr eigenes Leben. Wenn Sie hier Erfolg haben, wird das ein Pluspunkt für Ihr zukünftiges Leben als Geschäftsmann sein. Sie müssen dies als eine gute Chance optimistisch annehmen und es irgendwie erfolgreich abschließen. Aber Sie dürfen nicht andere Menschen darum bitten, sondern müssen diese Chance mit Ihrer eigenen Vorstellungskraft anpacken und diese selbst einsetzen. Ich unterstütze Sie hierbei überhaupt nicht.<<

Dann gab ich ihm noch den Ratschlag, er solle sich deutlich vorstellen, dass sie gekommen seien, mehr als hundert Zuhörer, und er solle den vollbesetzten Hörsaal lebhaft visualisieren. Der Abteilungsleiter hatte gehofft, er könne meine Hilfe bekommen, und er schwieg wohl, weil er etwas enttäuscht war, aber schließlich sah er es ein.

Er praktizierte die *schöpferische Kraft der Gedanken und der richtigen Atmung*, visualisierte so, wie ich es ihm gesagt hatte, und er stellte sich vor, dass sogar die Presse zum Vortrag erschienen sei. Die Wirkung zeigte sich bald, und bis zum Tag vor dem Vortrag hatten sich 98 Zuhörer angemeldet. Dann, am Morgen des Tages, rief er mich noch einmal an und berichtete mit freudiger Stimme, dass sich soeben noch zwei angemeldet hatten und die anvisierten hundert Zuhörer erreicht worden seien.

>>Das ist sehr gut. Bis zum Vortrag sind es aber noch sechs Stunden. Visualisieren Sie doch noch einmal bis dahin. Dann werden es bestimmt noch mehr<<, ermunterte ich ihn und stieg in den Hochgeschwindigkeitszug (Shinkansen) da es Zeit geworden war, mich auf den Weg zum Veranstaltungsort zu machen. Als er mich abholte, sagte er mit freudestrahlendem Gesicht: >>Wie Sie prophezeit haben sind noch mehr Anmeldungen gekommen. Es sind schließlich

hundertzwanzig Zuhörer geworden«, so berichtete er stolz. Und auch ich konnte mich über diesen Erfolg aus ganzem Herzen freuen.

Diese Geschichte geht aber noch weiter: Ein Jahr später hielt ich dort wieder einen Vortrag, und diesmal schickte mir der Abteilungsleiter etwa zehn Tage vorher eine Liste von fast siebzig Zuhörern, die sich bis dahin angemeldet hatten. Auch diesmal stieg die Anzahl bis zum Schluss auf das Doppelte, also auf hundertvierzig Zuhörer an und auch diesmal hatte der Abteilungsleiter die Kraft der Vorstellung und des richtigen Atmens eingesetzt. Als ich mich näher erkundigte, erfuhr ich, dass es bei den, in dieser Firma organisierten Vorträgen und Seminaren normalerweise so war, dass die Anmeldungen bis zehn Tage vorher eingingen, danach aber keine mehr eintrafen.

So konnte ich endlich auch verstehen, warum mich der Abteilungsleiter vor dem ersten Vortrag, für den er nur dreißig Anmeldungen verzeichnen konnte, so besorgt angerufen hatte. Mit Hilfe seiner Vorstellungskraft hatte er das normale Schema jedoch gleich zweimal durchbrochen und auch ich wurde mir wieder einmal der Macht der Vorstellungskraft bewusst.

In diesem Fall führte die Tatsache, dass der Verantwortliche willig und vertrauensvoll meinen Ratschlägen folgte, zu guten Ergebnissen. Wenn man zweifelt: »Auch wenn ich darum bitte, wird es denn tatsächlich in Erfüllung gehen?«, und wenn die Bitte mit Unsicherheit gepaart ist, wird es schwierig, zu einem Ergebnis zu kommen. Mit einem aufrichtigen und klaren, zielgerichteten Gefühl ohne Zweifel gelingt es ganz sicher, und das Geheimnis, wie man den Erfolg auf dem kürzesten Weg anlockt, besteht darin, zu visualisieren, dass es bereits gelungen ist.

Ich habe davon berichtet, dass ich mit meiner Vorstellungskraft meine Prostatavergrößerung geheilt habe, aber in Wirklichkeit hat dieser Heilungsprozess drei, ja sogar vier Jahre lang gedauert, obwohl es mir selbst gar nicht so lang erschien. Die Menschen, die meine Bücher lesen und die *Methode* praktizieren, sind heutzutage viel schneller. Ich kenne mehrere Männer, welche die gleiche Erkrankung innerhalb der kurzen Zeitspanne von zehn Tagen geheilt haben, einige sogar, die es in vier beziehungsweise fünf Tagen geschafft haben.

Es verbirgt sich eine wirklich interessante Tatsache dahinter, warum so etwas passiert.

In meinen bisher erschienenen Büchern habe ich, um die lange Geschichte zu straffen, geschrieben: »Die Prostatahypertrophie, die innerhalb von drei bis vier Jahren langsam immer schlimmer wurde, erreichte mit neunzig Jahren dann endlich einen wirklich ernsthaften Zustand. Als ich mir dann in Gedanken meine Vision von Gesundheit ausmalte, begann bereits am nächsten Morgen der Urin wieder besser zu fließen. Und kaum eine Woche später war ich vollständig geheilt.«

Diejenigen, die diese Bücher gelesen hatten, wussten nicht, dass ich in den drei bis vier Jahren, in denen sich die Symptome entwickelten, bereits die *Methode* ohne Erfolg praktiziert hatte. Sie glaubten fest daran, dass gleich beim ersten Mal die Symptome sich gebessert hatten. Und als sie dann die *Methode* begeistert anwandten, hatten sie den Erfolg, an den sie glaubten.

In meinem Fall kam erschwerend hinzu, dass ich, als ehemaliger Arzt, mehr als der Laie über die Krankheit wusste. Ich wusste, dass die Prostatahypertrophie eine Krankheit ist, die nur durch eine Operation geheilt werden kann, und dies hat unbewusst die Funktion meiner gedanklichen Vorstellung behindert. Des Weiteren tröstete ich mich unterbewusst, dass ich mich ja immer noch operieren lassen konnte, wenn es mir nicht gelang, mich selbst zu heilen, und auch das war ein Hindernis für die Wirksamkeit der Vorstellung.

Diesbezüglich wird die Vorstellungskraft eines Menschen, der keine genaueren Kenntnisse besitzt und der nicht von Zweifeln behindert ist, stärker sein als die meine, und dadurch wird die Wirkung unmittelbarer eintreten.

Bei Versuchen, die durchgeführt werden, um die Existenz von übernatürlichen Kräften nachzuweisen, erhält ein Wissenschaftler, der fest daran glaubt, mit fast hundertprozentiger Wahrscheinlichkeit positive Ergebnisse; wenn aber ein zweifelnder Wissenschaftler den Versuch durchführt, erbringt er mit ebenso hoher Wahrscheinlichkeit negative Ergebnisse. (Im Grunde beweist dies nur, dass die eigenen Vorstellungen und Erwartungen sich erfüllen, denn in beiden Fällen entsprechen die Ergebnisse den eigenen Gedanken und Erwartungen.)

In den modernen Wissenschaften wird ein Phänomen oder Gesetz allerdings erst wissenschaftlich anerkannt, wenn es reproduzierbar ist, das heißt, auch wenn ein Mensch ein Phänomen festgestellt hat, wird dieses nicht anerkannt, solange nicht viele andere das Experiment wiederholen und die gleichen Ergebnisse erhalten können. Daraus ergibt sich zwangsläufig, dass wir bis in alle Ewigkeit darauf verzichten müssen, dass die übernatürliche Kraft jemals wissenschaftlich anerkannt wird.

Klar ist allerdings, dass, wenn man einen Wunsch ausspricht und gleichzeitig Zweifel hat und unsicher ist, man sich selbst und die Erfüllung des Wunsches damit behindert. Das können auch die Menschen leicht verstehen, die nicht an die übernatürliche Kraft glauben.

Die meisten Skeptiker sind reich an Wissen, da sie jedoch häufig negativ denken, haben sie eine geringe Handlungskraft: »Dafür gibt es noch kein Beispiel«, »Unter diesen Bedingungen kann es nicht funktionieren« usw.

Menschen andererseits, die nicht einmal ein Halbwissen besitzen, und die die Dinge mit einer aufrichtigen Einstellung und positiv betrachten, können ihre Vorstellungskraft entwickeln und die Macht der Gedanken aktivieren und einsetzen.

Ich habe mir schon oft gedacht, wenn ein Kleinkind bereits über das Wissen und die Weisheit eines Erwachsenen verfügen würde, so würde der Mensch wohl nicht richtig laufen lernen. Wenn das Kleinkind anfängt zu laufen, fällt es immer wieder hin und steht immer wieder auf ohne dabei wütend zu werden. Das Kleinkind hat eben noch nicht wie ein Erwachsener die negative Einstellung wie z.B. »Vielleicht kann ich gar nicht stehen?« Es hat sich in seinem Bewusstsein noch nicht beschränkt und Grenzen gesetzt. Ein Kleinkind ist sozusagen ein Bündel von aufrichtigem und positivem Bewusstsein. Und dieses führt dann schließlich dazu, dass es laufen lernt.

Aufrichtigkeit, Konzentration auf das Ziel, positives Denken – auch eine solche Einstellung ist ein unabdingbares Element für die Verwirklichung der Vorstellungen.

Die Beziehung von Körper und Geist

In der westlichen Medizin denkt man, dass Krankheit das Nachlassen der Funktion eines Körperteiles ist – im Falle des Magens, der Funktion des Magens – und wenn man nur diesen Teil repariert, ist die Krankheit geheilt. Dahinter steht die Vorstellung, dass der menschliche Körper eine Maschine ist – wenn ein Teil davon defekt ist, braucht man nur diesen betreffenden Teil zu reparieren oder auszutauschen, um die Krankheit zu heilen.

Als Basis dieser »Reduktionismus« genannten Denkweise werden Körper und Geist als getrennte Dinge angesehen, und darin verbirgt sich die Dualität von Körper und Geist, welche den Geist über den Körper erhebt. Es ist ein mechanistisches Bild vom Leben, in dem durch die Funktion des Geistes (Wissen) der Körper frei kontrolliert werden kann.

Dem Osten war ursprünglich diese dualistische Denkweise fremd. Die Einheit von Geist und Körper – Geist und Körper sind keine getrennten Dinge, ihre Wurzeln sind die gleichen – ist die gedankliche Grundlage. Geist und Körper sind unzertrennlich. Sie stehen nicht in einem Gegensatz zueinander, sondern in einer, sich gegenseitig unterstützenden Beziehung. So gesehen kann man die wahre Gesundheit nicht verwirklichen, wenn man nur die körperliche Gesundheit pflegt, ohne dass man auch gleichzeitig einen guten seelischen Zustand aufrechterhält.

Auch die von mir praktizierte Methode, strebt eine Synchronisation von Körper und Geist an, und ist eine Methode, mittels derer die Gesundheit der beiden Aspekte, Körper und Geist, gemeinsam verwirklicht wird. Die schöpferische Kraft der Gedanken (wörtlich »Aufrichtiger Geist«) bedeutet den richtigen Einsatz des Geistes, und das richtige Atmen (wörtlich »Passender Atem«) bedeutet die Ausübung der Bauchatmung, also den körperlichen Aspekt. Dadurch, dass diese beiden als eine Einheit zusammenwirken, wird die Gesundheit von Körper und Geist erreicht und man kann eine Basis für die Verwirklichung seiner Wünsche schaffen.

Wenn die sichtbare *Methode* der Atmung der äußere Aspekt ist, so ist der unsichtbare »aufrichtige Geist« der innere Aspekt – Inneres und Äußeres bilden eine Einheit, die unsere Gesundheit unterstützt. Wenn eines davon fehlt, gewinnen wir keine echte Gesundheit und können die Kraft nicht aufbringen, um unsere Wünsche zu verwirklichen.

Bei der *Methode* der *schöpferischen Kraft der Gedanken und der richtigen Atmung,* werden als richtige geistige Einstellung die folgenden drei Punkte besonders betont und ihre Ausübung gelehrt:

51

1. die Auswirkung unserer Handlungen zu bedenken
2. die Dankbarkeit nicht zu vergessen
3. nicht zu nörgeln

Wie Sie sehen, unterscheidet sich das nicht allzu sehr von der oben beschriebenen Haltung eines Kleinkindes. Ich benutze gewichtige Worte, wie »aufrichtiger Geist«, aber das bedeutet nichts anderes als die, im täglichen Leben zu praktizierende Grundeinstellung. Ich kann die Wichtigkeit dieser Grundeinstellung gar nicht genug betonen.

Schwingung und Resonanz

Der Geist besteht aus **Schwingungen**. Schwingungen haben eine Wellenlänge und diese Wellenlänge ist von Mensch zu Mensch verschieden, genauso wie der Fingerabdruck. Und der Mensch ist so angelegt, dass er nur auf die Dinge trifft, deren Schwingung mit seiner eigenen harmoniert. In der Wellenlänge verschiedene Dinge treten nicht in Resonanz miteinander.

Von Fernseh- und Radiosendern usw. werden Schwingungen mit verschiedenen Frequenzen ausgesandt. Mit unseren fünf Sinnen können wir diese aber nicht direkt sehen oder wahrnehmen. Dadurch, dass ein Empfänger auf einen bestimmten Kanal, also eine bestimmte Frequenz und Wellenlänge eingestellt ist, wird der Empfang erst möglich.

Die Beziehung zwischen unserem Geist und den Ereignissen, die uns zustoßen, ist eine ähnliche. Nur die Ereignisse, die mit der Wellenlänge unseres Geistes übereinstimmen, ereignen sich in unserem Leben. Einfach ausgedrückt, jemandem mit guten Schwingungen passieren gute Dinge, und jemand, der schlechte Schwingungen aussendet, wird von schlechten Ereignissen heimgesucht.

Deshalb werden Menschen, die ihren Geist immer klar halten und die Dinge immer zuversichtlich betrachten, Dinge passieren, die fröhlich und zuversichtlich stimmen. Menschen, die das Danken nicht vergessen, geschehen Dinge, für die man dankbar sein darf. In der Arbeit sind sie erfolgreich, in der Forschung kommen sie ans Ziel. Des Weiteren treffen sie auf Menschen, die ihnen nützen und helfen. Wenn man im Gegensatz dazu immer nur nörgelt und seufzt, wird man von bedrückenden und negativen Dingen heimgesucht, welche das Nörgeln und Seufzen noch verstärken.

Weisheit und Kraft des Universums

Das wichtigste Charakteristikum der schöpferischen Kraft der Gedanken und der richtigen Atmung ist, dass man sich im Rhythmus der Bauchatmung – einatmen, den Atem anhalten, ausatmen, normal atmen – mit der Kraft des Geistes eine Vision erschafft.

Beim Einatmen stellt man sich vor: Die unendliche Kraft des Universums sammelt sich im Zentrum meines Körpers und erfüllt meinen ganzen Körper. Während man den Atem anhält, stellt man sich ganz konkrete Dinge als ein lebendiges Bild vor: Mein ganzer Körper ist gesund, die x-Krankheit ist geheilt, usw.

Mit anderen Worten: Im Rhythmus der Atmung stellt man sich etwas vor, konzentriert sich darauf und sendet die Vorstellungskraft aus. Im ersten Schritt konzentriert man die unendliche Kraft des Universums in seinem Körper und im zweiten verstärkt man die Schwingungen des Geistes, indem man sie zielgerichtet aussendet, was die Verwirklichung des Wunsches fördert.

Eine genauere Erklärung der unendlichen Kraft des Universums verschiebe ich auf das nächste Kapitel, aber als ein

Beispiel für ihre Existenz möchte ich eine ihrer Wirkungen ins Bewusstsein rufen.

Der Planet, auf dem wir leben, schwebt im weiten Weltall. Es gibt nichts, das ihn stützt. Und er dreht sich im Zeitraum von 24 Stunden um sich selbst. Auch die Drehachse ist festgelegt. Außerdem ist diese Achse unsichtbar. Und schließlich dreht sich unser Planet in einer festgelegten Geschwindigkeit um die Sonne, während er sich um sich selbst dreht.

Das ist seit Galilei Allgemeinwissen, das bereits die Volksschüler lernen. Bei genauerer Betrachtung fällt es einem auf, was dies für ein seltsames Phänomen ist. Welche Kraft ist es denn, die die Erde dreht, und woher kommt sie? Was sind eigentlich der Ursprung und das Wesen dieser Kraft und der vielen wohlgeordneten Gesetzmäßigkeiten?

Viele Menschen spüren hier die Existenz einer, über die Wissenschaft erhabenen, riesigen Weisheit. Auch ich fühle die Existenz dieser »unbegreiflichen Weisheit und Kraft« und nenne sie *die unendliche Kraft des Universums*. Natürlich ist die Erdumlaufbahn nur ein kleines Beispiel für die tiefe und weite Macht der unendlichen Kraft des Universums.

Diese Kraft breitet sich überall im unendlichen Raum aus, sie ist die Grundlage der Lebenskraft aller Lebewesen, sie bestimmt über Leben und Tod. Die Entstehung, Entwicklung, Veränderung und der Niedergang eines jeden Phänomens wird von dieser »unsichtbaren Hand« kontrolliert. Sie ist die Mutter aller Dinge und auch deren Triebkraft. Sowohl die Dynamik eines Sturmes, der den Ozean aufpeitscht, als auch die stille Harmonie eines Sees nach dem Sturm – alles steht unter der Herrschaft dieser unendlichen Kraft des Universums.

Ob man es nun, wie die Inder, »Prana« nennt, ob man es »Chi« oder »die Energie des Universums« nennt, oder es auch als »die natürliche Heilkraft, über die der menschliche Körper verfügt«, bezeichnet oder wie bei meiner Methode, »die *schöp-*

ferische Kraft der Gedanken und der richtigen Atmung« – all diese Bezeichnungen deuten nur auf verschiedene Aspekte und Erscheinungsformen der riesigen und unendlichen Kraft des Universums hin. Die unendliche Kraft des Universums ist eine unermesslich große Energie, welche all diese Energieformen einschließt, und sie ist das einzige, was diesem Universum zugrunde liegt.

Vom Großen zum Kleinen: In einem winzigen Gen sind etwa drei Milliarden Informationen eingetragen, das entspricht tausend Bänden eines Universal-Lexikons. Es ist eher unwahrscheinlich, dass dies im Laufe der Evolution auf natürliche Weise geschehen ist. Die Vorstellung von einer mächtigen Schöpferkraft liefert eine viel »rationalere« Erklärung dafür.

Auch dies ist ein, von der unendlichen Kraft des Universums geschaffenes Wunder, seine Kraft wirkt nicht nur im extrem Großen, wie dem Universum, sondern auch im extrem Kleinen, wie in den Zellen und Genen des Menschen. Sie ist die Quelle eines jeden Lebens, erschafft alle Dinge, belebt sie und sie ist die Kraft, die alles in wunschgemäße Bahnen lenkt – all das ist die unendliche Kraft des Universums.

Im Yôjôkun steht »Die Kraft in der Seele des Menschen ist dieselbe, wie die Kraft des Himmels; wie innen, so auch außen. Was sich in dem himmlischen Wesen des Menschen befindet, ist dasselbe wie das, was der Fisch im Wasser findet.«

Das bedeutet, die Kraft im Körper und die Kraft des Himmels (Universums) haben eine Gemeinsamkeit: So wie das Wasser das Lebenselement des Fisches ist, leben wir in und durch die Kraft des Universums.

Das Yôjôkun wurde in der Edo-Zeit (1603-1867) geschrieben und wir sind uns gewiss bereits seit langer, langer Zeit der Existenz der unendlichen Kraft des Universums bewusst gewesen. Allerdings können wir uns ihrer nur durch Erfahrung und unmittelbare Empfindung bewusst werden. Wir können sie also nicht in Form von wissenschaftlichen Informationen aufnehmen.

Im nächsten Kapitel möchte ich trotzdem möglichst wissenschaftlich die Existenz und die Wirkung dieser unendlichen Kraft des Universums vorstellen und auch möglichst leicht verständlich erklären, warum wir mit ihrer Hilfe unsere Gesundheit und unsere Vorstellungen verwirklichen können.

Die unerschöpfliche Kraft des Universums

Geist und Materie

In Schottland heißt es von Menschen, die gut Blumen und Gemüse züchten können, sie hätten »einen grünen Daumen«. Die Pflanzen gedeihen ausgezeichnet bei ihnen. Es ist auch bekannt, dass, wenn man beim Gießen mit den Blumen spricht – was für diejenigen, die Blumen lieben, ganz natürlich ist – sie besser wachsen und blühen.

Da auch Gräser und Blumen Gefühle haben, die Wünsche und die Energie der Menschen aufnehmen und darauf reagieren, wachsen sie schnell für Menschen, die sie mit Liebe überschütten. Für die Menschen in früheren Zeiten war dies ganz selbstverständlich: Sie wussten, dass sowohl Felsen als auch Bäume und Gräser mit den Menschen kommunizieren. Da auch Gräser und Bäume Lebewesen sind, ist ein Austausch von Gefühlen, Wünschen und Gedanken mit dem Menschen möglich, das habe auch ich erfahren.

Zwei Bäume waren vor dem Apartment so gewachsen, dass sie die Aussicht vom Fenster meines Zimmers versperrten, und wenn sie so weiterwachsen würden, dann wäre von diesem Fenster kaum noch etwas von Himmel und Meer zu sehen. Das wollte ich nicht, also sprach ich mit den Bäumen.

»Es tut mir leid, aber könntet ihr ab jetzt auf das Meer zu wachsen? Das wird zwar hart, denn dann habt ihr Gegenwind, aber ich bitte Euch inständig darum.«

Als ich das getan hatte, reagierten die Bäume darauf. Sie drehten ihren Stamm, so dass sie nun auf das Meer zu wuchsen und mir nicht mehr die Sicht versperrten.

Des Weiteren habe ich mit Blättern eines Alpenveilchens folgenden Versuch gemacht:

Von einem Alpenveilchen in einem Topf schnitt ich vier Blätter ähnlicher Form ab und legte sie nebeneinander in einen breiten Plastikbehälter. Ich nummerierte sie von rechts nach links durch und machte nichts mit den beiden Blättern ganz rechts und ganz links, also Nummer 1 und Nummer 4. Das Blatt Nummer 2 starrte ich unverwandt an, während ich ihm sagte: »Du bist stark. Du verwelkst nicht. Du wirst sicher nicht verwelken.« Das Blatt Nummer 3 sah ich nicht an, aber ich hielt meine Handfläche etwa fünf Zentimeter über ihm. Das Ganze dauerte etwa fünf Minuten.

Am nächsten Tag hatten sich die Blätter Nummer 2 und 3 nicht verändert, aber die Alpenveilchen-Blätter Nummer 1 und 4 hatten ihre charakteristischen Vertiefungen und Vorsprünge verloren und waren nun flach wie Kirschbaumblätter. Ich tat das Gleiche wie am Tag zuvor, und als ich am darauf folgenden Tag wieder nachsah, hatten die Blätter Nummer 1 und 4 eindeutig begonnen zu verwelken. An den Blättern Nummer 2 und 3 hatte sich nichts verändert.

Als ich dies täglich wiederholte, begannen die Blätter Nummer 1 und 4 immer mehr gelbe Flecken zu bekommen, die immer größer wurden. Nummer 2 und 3 verwelkten immer noch nicht. Nach etwa zwei Wochen waren Nummer 1 und 4 ganz und gar vertrocknet, während 2 und 3 noch immer ihren Glanz behalten hatten. Etwa nach einem Monat vertrocknete plötzlich Nummer 2 und Nummer 3 hatte am längsten gehalten.

Auch an diesem Versuch sieht man, dass der Geist und die Gedanken eines Menschen einen starken Einfluss auf Pflanzen haben. Da sogar gewaltsam abgetrennte Blätter in Reaktion auf meinen Willen lange hielten, wirken Wille und Vorstellung eines Menschen nicht nur auf lebende Pflanzen, sondern auch auf tote (d.h. den anorganischen Stoffen nahe stehend).

In letzter Zeit führen auch Wissenschaftler viele Versuche zu Schwingungen und der Energie des Universums durch, und nach und nach wird bestätigt, dass der menschliche Wille die Substanzen beeinflusst.

Zum Beispiel strahlten Heiler durch Handauflegen oder durch bloßes Anschauen Energie (*Ki*) auf ein Gefäß mit Wasser. Dadurch wurde eindeutig die elektrische Leitfähigkeit des Wassers erhöht. Die Versuchsanordnung unterschied sich zwar von meiner mit den Alpenveilchen, aber die Wissenschaftler kamen zu dem gleichen Ergebnis, dass der menschliche Geist die Materie beeinflusst.

Unser Wille und unsere Gedanken wirken in Form von Energie nicht nur auf Lebewesen, sondern auch auf Substanzen ein. Unabhängig davon, ob dies wissenschaftlich anerkannt ist oder nicht, gibt es dafür, sowohl in der Vergangenheit als auch in der Gegenwart, egal ob im Osten oder im Westen unzählige objektive Beweise. Vielleicht sind die Teilung des Meeres durch Moses und die Wunder Christi, wie die Heilung von Menschen mit unheilbaren Krankheiten allein durch seine Berührung, keine Ereignisse lediglich aus dem religiös-mythischen Bereich.

Dass die Erde in diesem Weltall schwebt, dass sie sich regelmäßig um sich selbst dreht und der Mond sich um die Erde dreht, die Tatsache, dass unsere Gedanken von den Blättern des Alpenveilchens verstanden werden, dass durch Energie (*Ki*) eine Veränderung der Qualität des Wassers bewirkt werden kann oder dass Dinge, die man sich inständig wünscht, sich verwirklichen – die Arten der Erscheinungen sind vielfältig, doch alles existiert durch die Kraft, die von einer einzigen Wurzel ausgeht. Die Quelle dieser allmächtigen Energie ist die unerschöpfliche Kraft des Universums.

Wenn man auf die gleiche Weise das wissenschaftliche Allgemeinwissen betrachtet, so findet man auch hier im Endeffekt wieder seltsame Dinge. Es ist schon dreihundert Jahre her, seitdem Newton die Erdanziehungskraft entdeckte, aber noch niemand hat die Frage beantwortet, von wo diese Kraft ausgeht. Die Erde dreht sich mit der hohen Geschwindigkeit von rund hunderttausend Kilometern in der Stunde um die Sonne. Trotzdem kommt sie niemals von ihrer elliptischen Bahn ab.

Warum wird die Erde nicht von der Fliehkraft hinaus ins Weltall geschleudert? Warum werden die auf der Erde stehenden Menschen nicht hinausgeschleudert? Warum spüren wir diese Geschwindigkeit nicht? Wenn das daran liegt, dass es die Atmosphäre gibt, warum wird diese Atmosphäre nicht ins Weltall hinausgeschleudert? Wer dreht ursprünglich und mit welchem Ziel diese große Kugel mit dieser hohen Geschwindigkeit auf dieser festen Himmelsbahn?

Wir haben erfolgreich die Geschwindigkeit und die Zeit gemessen, aber der Antwort auf solch grundlegende Fragen sind wir bisher nicht näher gekommen. Die Wissenschaft hat die Fragen nach dem »Was« und dem »Wie« gestellt und teilweise beantwortet, aber über das »Warum« hat sie keine Erkenntnisse gewonnen.

Es heißt außerdem, dass es im Weltall 10^{22} Planeten wie die Erde gibt. Diese unzähligen Planeten und Fixsterne bewegen sich, genauso wie die Erde, wohl geordnet und regelmäßig. Wer hat die Kraft und diese Weisheit dazu? Das »wahre Gesicht« dieses Wesens kennt die Wissenschaft nicht. Es geht mir aber nicht darum, die Unfähigkeit und Machtlosigkeit der Wissenschaft herauszustreichen. Der Fortschritt der Wissenschaft hat durchaus viel zur Entwicklung der Menschheit beigetragen und wir profitieren tagtäglich davon.

Ich denke, wir müssen einfach die Existenz einer riesigen Quelle von Kraft, Macht und Weisheit voraussetzen, sonst lässt sich keine Frage nach dem »Warum« beantworten. Diese Quelle – ich nenne *sie die unerschöpfliche Kraft des Universums* – übersteigt alle vorstellbaren Dimensionen

Man kann die unerschöpfliche Kraft des Universums nicht aus dem Wissen der modernen Wissenschaft erklären, aber der Mensch hat von alters her mit seiner Erfahrung einen Teil dieser unendlichen Macht entsprechend seiner persönlichen Größe benutzt.

In Indien wird sie Prana genannt und von den Yogis und den Erleuchtung suchenden Asketen benutzt. In China wird sie Chi genannt und bei der Heilung mit Tai-Chi, Chi-Gong und Akupunktur eingesetzt. Es ist anzunehmen, dass bei den Pyramiden ebenfalls ein Teil der unerschöpflichen Kraft des Universums bewusst eingesetzt wurde.

Unbewusst benutzt jeder die unerschöpfliche Kraft des Universums.

Im zweiten Kapitel habe ich, ohne den Begriff »*die unerschöpfliche Kraft des Universums*« zu verwenden, nur davon geschrieben, dass man mit der Kraft der gedanklichen Vorstellung und der Visualisierung, also der bildhaften Vorstellung, seine Wünsche erfüllen kann. Die Quelle der Macht, welche die Wünsche erfüllt, liegt zweifelsohne in dieser unerschöpflichen Kraft des Universums, und die *schöpferische Kraft der Gedanken und der richtigen Atmung* kann man als eine *Methode* bezeichnen, welche die Manifestation dieser unerschöpflichen Kraft des Universums ermöglicht.

Durch die gedankliche Vorstellung und die Visualisierung kann man die unerschöpfliche Kraft des Universums in Bewegung setzen. Wenn man mit aller Kraft diese Macht in Bewegung setzt, zeigt die unerschöpfliche Kraft des Universums auch eine starke Wirkung. Je stärker die gedanklichen Vorstellungen und Visualisierungen sind, desto stärker wird die unendliche Kraft des Universums gebündelt, und die Wirkung steigert sich entsprechend.

Jeder von uns hat Gedanken wie » ich will dies und jenes sein« oder » ich will dies und jenes tun« und so setzen wir alle im Alltag unbewusst die unerschöpfliche Kraft des Universums ein. Diese Wirkung wird mit dem japanischen Sprichwort ausgedrückt: »Wenn die Seele eins ist, dann geht alles in Erfüllung«, und mit der Redewendung: »Krankheit kommt aus dem Geist (Ki)«.

Sobald Ereignisse oder Phänomene geschehen, die wir uns nicht mit unserem Alltagswissen und auch nicht wissenschaftlich erklären können, bezeichnen wir sie als Wunder oder leugnen ihre Existenz einfach. Solche Ereignisse sind aber Manifestationen der unerschöpflichen Kraft des Universums, keine Wunder und keine »Zufälle«.

Es gibt fast niemanden, der, wenn er Wasser aus einem Fluss trinkt oder schöpft, darüber nachdenkt, wo die Quelle dieses Flusses ist. Doch auch wenn wir nicht wissen, woher es stammt, sind wir doch für das Wasser, das täglich reichlich vor unseren Augen fließt, zu Dank verpflichtet. So viel Wasser wir auch verwenden, es versiegt nicht. Genauso ist es mit der unerschöpflichen Kraft des Universums. Obwohl wir normalerweise nicht an ihre Existenz denken und ihre wahre Form nicht kennen, werden wir doch von einem Hauch dieser riesigen Macht berührt.

In der hinduistischen, vedischen Philosophie gibt es eine Lehre, die besagt, dass, wenn man seine Seele rein hält und extrem fest an etwas glaubt, man vom Universum so unterstützt wird, dass dieser Glaube sich verwirklicht. Auch dieser Lehre liegt ein reicher Schatz an Erfahrungen zu Grunde.

Um die Energie, welche die Basis aller Dinge ist, zu erkennen, wähle ich auch in diesem Fall einen wissenschaftlichen Ansatz, denn in der Elementarteilchenphysik ist man bereits auf höchstem Niveau auf die Realität der unerschöpflichen Kraft des Universums gestoßen.

Auf der Suche nach den Grundbausteinen der Materie, der belebten wie der unbelebten, gelangen wir von Molekülen über Atome, Elektronen, Protonen und Neutronen bis zu den Quarks.

Die Größe der Atome beträgt 10^{-8} cm, und die Quarks, die derzeit kleinsten bekannten Teilchen, sollen eine Größe von zwischen 10^{-28} und 10^{-50} cm haben. Viele Naturwissenschaftler nehmen inzwischen an, dass die kleinste Einheit der Materie Energie ist. Bei den kleinsten »Bausteinen« der Materie handelt es sich, ihrer Meinung nach, nicht mehr um feste Einheiten, sondern um einen Zustand – eben um Energie.

Ich allerdings glaube, dass auch die kleinste Einheit der Materie wiederum Materie ist, und dass diese feinste Materie »Quark« genannt wird. Diese Quarks befinden sich allerdings an der Grenze zwischen der dritten Dimension (der gegenständlichen Welt) und der vierten Dimension (der Welt der Gedanken, des Geistes). Sie sind zwischen Materie und Geist vermittelnde Elemente und deshalb vereinigen sie auch Charakteristika beider Welten in sich. Das zumindest ist meine Sichtweise.

Dies ist eine Hypothese – ich möchte, dass Sie, liebe Leserin, lieber Leser, dies nicht aus den Augen verlieren. Was ich hier als Welt der vierten Dimension bezeichne, soll auf die Welt der Gedanken, des Willens, der Vorstellung und der Seele hinweisen. Die Welt der dritten Dimension dagegen ist diese substantielle Welt, in der wir jetzt leben.

Auch in der Welt der vierten Dimension existieren kleinste Teilchen, die ich vorläufig einmal »Seelenstoff« nennen möchte. Die Quarks sind ein Konglomerat aus extrem kleiner Materie und dem Seelenstoff.

An der Grenze zwischen der dritten und der vierten Dimension gibt es keine Trennwände. An dieser Grenzlinie berühren sich zwei Welten und gehen ineinander über. Stellen Sie sich dazu eine Flussmündung vor, an der ein Fluss sich ins Meer ergießt. An der Flussmündung mischen sich Fluss-

63

wasser und Meerwasser und die Qualitäten von beiden sind vertreten. Die Quarks sind wie das Wasser einer Flussmündung, sie sind Materie der dritten Dimension, haben aber auch Einflüsse aus der vierten Dimension aufgenommen. Dieses Buch gehört in die dritte Dimension, da es jedoch im Grenzbereich angesiedelt ist, hat es viele Einflüsse aus der angrenzenden vierten Dimension aufgenommen.

Die vierte Dimension ist, wie gesagt, die Welt der Gedanken, auch die Welt der Vorstellungen, des Willens und der Seele. Dort wird alles durch die Aktivität der Gedanken geschaffen, durch die Gedanken verändert oder durch die Gedanken eliminiert. Bitten wir, dass die Wolken vom Himmel verschwinden und die Sonne sich zeigen möge, so ist dies – auch wenn es in der dritten Dimension noch nicht sichtbar ist – bereits in diesem Moment in der vierten Dimension Wirklichkeit geworden.

Als ich mir vorstellte, der Graue Star wäre geheilt, oder als der Abteilungsleiter bat, dass der Vortragssaal sich mit Zuhörern füllen möge, oder wenn ich mir vorstelle, dass ein Mensch auftauchen soll, den ich treffen will – all diese Gedanken erfüllen sich bereits in diesem Moment in der vierten Dimension. In der vierten Dimension hat das, was man denkt, bereits Gestalt angenommen. Natürlich ist das keine grobstoffliche, materielle Form, sondern wird von den Quarks gebildet.

Und auf diese Weise werden die Quarks, die sich in der dritten Dimension manifestieren, von der Welt der vierten Dimension beeinflusst. Für uns unsichtbar, verändert sich auf Grund unserer Gedanken der Zustand der Quarks und sie nehmen einen, für die Materialisierung (Verwirklichung) günstigen Zustand an, besonders wenn wir den entsprechenden Gedankenimpuls sehr stark aussenden, indem wir uns vorstellen, dass der Wunsch bereits Wirklichkeit geworden ist.

Die Macht der gedanklichen Vorstellung des Menschen hat hier ihre Grenze. Ab hier brauchen wir die Hilfe der unerschöpflichen Kraft des Universums. Damit das, was wir mit der Kraft der Gedanken in der vierten Dimension haben Gestalt annehmen lassen, sich auch in der Welt der dritten Dimension manifestiert, ist die unerschöpfliche Kraft des Universums nötig.

Durch die richtige Atmung sammeln wir die unerschöpfliche Kraft des Universums in unserem Körper, und wenn wir sie ausstrahlen und aktivieren, wird die, in der vierten Dimension entstandene Form, von der Ebene der Quarks über die Elementarteilchen, Atome und Moleküle – ganz als ob man sich flussaufwärts bewegte – Stück für Stück auch in dieser Welt der dritten Dimension Gestalt annehmen. Dann entsteht etwas aus dem Nichts oder, anders ausgedrückt: Was man sich dachte, wird Wirklichkeit.

Soweit meine Theorie zum Zeitpunkt der Niederschrift. Es steht der Leserin, dem Leser, frei, mir zu glauben oder nicht. Mir ist durchaus bewusst, dass meine Annahmen für Menschen, welche die Weihen der modernen Wissenschaften empfangen haben, völlig absurd klingen. Allerdings wurde auch die wissenschaftliche Theorie, dass die kleinste Einheit der Materie Energie sei, bis vor kurzem nur müde belächelt.

Indem Theorien, anfangs belächelt, später wissenschaftlich untersucht und manchmal bewiesen werden, schreitet die Wissenschaft fort. Galilei, der fest behauptete, dass nicht die Sonne sich um die Erde, sondern die Erde sich um die Sonne bewege, wurde eingekerkert, und wäre fast als Ketzer verurteilt worden. Genauso wird auch manches, was sich jetzt, weil es sich zu diesem Zeitpunkt nicht wissenschaftlich beweisen lässt, wie ein Wunder anhört oder wie bloße Lügenmärchen, sich folgerichtig erklären lassen, wenn die Zeit reif dafür ist.

Es erscheint mir also wichtig, sich ständig der Grenzen der Wissenschaft bewusst zu sein. Was uns heute als absonderlich oder widernatürlich erscheint, gehört vielleicht morgen schon zum Allgemeinwissen.

Die Kraft der Visualisierung

Da die unerschöpfliche Kraft des Universums den Raum ausfüllt, warum geschehen nicht jeden Tag neue Wunder? Warum realisieren sich denn Wünsche nicht, ohne dass man etwas dazu tut? Warum verwirklichen sich denn vage Gedanken nicht sofort und wie durch Zauberei?

Mit anderen Worten: Warum sind gedankliche Vorstellung und Visualisierung notwendig, um die unerschöpfliche Kraft des Universums zu sammeln? Warum ist es notwendig, inständig darum zu bitten, um diese Kraft zu aktivieren?

Das möchte ich Ihnen anhand eines praktischen Beispiels erklären, das vielen von Ihnen sicher noch aus dem Physikunterricht in Erinnerung ist: Um ein Blatt Papier mit Hilfe des Sonnenlichtes zu entzünden, genügt es nicht, einfach die Sonne darauf scheinen zu lassen, man braucht eine konvexe Linse dazu. Diese bündelt das Licht, und wenn man den Fokus, den Brennpunkt, genau auf das Papier richtet, so beginnt es zu brennen.

Anstelle der Linse setzen wir unsere gedankliche Vorstellung und Visualisierung, beziehungsweise die schöpferische Kraft der Gedanken und das richtige Atmen. Das Sonnenlicht ist in Hülle und Fülle vorhanden, aber ohne dass man es auf einen Punkt fokussiert, brennt das Papier nicht. Genauso ist die unerschöpfliche Kraft des Universums überall, aber solange sie nicht mit der Linse der gedanklichen und bildlichen Vorstellung auf einen Punkt im Körper konzentriert und auf das Ziel hin ausgestrahlt wird, wird diese Kraft nicht gezielt eingesetzt, um die Gedanken zu verwirklichen. Ein wichtiger Aspekt, um die unerschöpfliche Kraft zu aktivieren, ist das Fokussieren am richtigen Punkt, nämlich im Körperzentrum.

Und was geschieht, wenn wir das weiße Papier mit schwarzer Tusche anmalen? Dann beginnt das Papier viel schneller zu brennen, als wenn es weiß geblieben wäre. Denn die schwarze Farbe absorbiert Licht viel besser als die weiße. Das »mit schwarzer Tusche einfärben« entspricht dem »inständig bitten«. Sie verstehen nun vielleicht, warum es so wichtig ist, nicht nur einfach darum zu bitten, sondern mit Nachdruck zu bitten, oder zu bekräftigen, dass es ganz sicher so wird. Der starke Wunsch entspricht der »Einfärbung des Geistes mit schwarzer Tusche«, und dadurch wird die Verwirklichung des Wunsches viel effektiver.

Die gedankliche Vorstellung und Visualisierung wirkt wie eine Linse, sie bündelt die unerschöpfliche Kraft des Universums, und dann strahlt man sie auf das Ziel aus.

Stellen wir uns den Prozess, durch den ein Wunsch verwirklicht wird, analog dem Arbeitsprozess einer Maschine vor, so entspricht die unerschöpfliche Kraft des Universums der Antriebskraft und die Vorstellungen und Visualisierungen den Bedienungsarmaturen.

Die »Schwärzung des Geistes« setzt die unerschöpfliche Kraft in Bewegung, ist also der Starthebel.

Diese Energie kann immer benutzt werden, und sie ist – anders als Erdöl – unerschöpflich, aber um sie einzusetzen, sind starke Gedanken und starke Visualisierungen notwendig.

Dadurch wird unser Leben im Ergebnis so, wie wir es uns denken. Es wird möglich, ein Leben nach unseren Vorstellungen zu führen. Sowohl das Gute als auch das Schlechte, sowohl das Krankmachende als auch das Gesundmachende – alles wird von der Aktivierung der unerschöpflichen Kraft des Universums bestimmt.

Beispiele aus meinem Leben

Tuberkulose

Wenige Jahre, nachdem ich damals meine Praxis in Shibuya eröffnet hatte, bekam ich Tuberkulose. Nach der Eröffnung war ich eine Weile extrem beschäftigt: Ich kam kaum zum Schlafen, nahm meine Mahlzeiten zwischen den verschiedenen Hausbesuchen, und öfters hörte ich die Silvesterglocken am Bett eines meiner Patienten. Das Auto, das mich zu den Patienten und wieder in die Praxis brachte, war mein zweites Zuhause geworden. Ich war damit beschäftigt, mir eine gute finanzielle Basis aufzubauen, aber der Preis dafür war, dass ich von Tuberkulose befallen wurde.

Damals gab es noch keine wirksamen Medikamente dagegen, wie Streptomycin. Tuberkulose war fast so etwas, wie eine unheilbare Krankheit, die nur mit Bettruhe und nahrhaften Mahlzeiten behandelt werden konnte. Auf diese Weise werden Lunge und Körper möglichst geschont. Ich habe diese Krankheit allerdings völlig anders geheilt. Ich hatte mich, ganz im Gegenteil, entschlossen, wie bisher von morgens bis abends weiterzuarbeiten. Zwar verkürzte ich meine Sprechstundenzeiten etwas und nahm mir Zeit zum Ausruhen, doch selbst wenn ich leichtes Fieber hatte, fuhr ich zu meinen Patienten und hörte keineswegs auf zu praktizieren. Zum Glück wurden in meinem Auswurf keine Bakterien gefunden, so dass keine Ansteckungsgefahr für die Patienten bestand.

Ich aktivierte jedoch die Bauchatmung und meine Vorstellungskraft. Es war noch nicht so etwas Ausgefeiltes wie die jetzige *Methode* der *schöpferischen Kraft der Gedanken und der richtigen Atmung*, da mir allerdings die Wichtigkeit des Sauerstoffes bewusst geworden war, praktizierte ich intensiv die Bauchatmung, setzte so die Lungen ein und praktizierte eine Methode, bei der dem Körper reichlich Sauerstoff zuge-

führt wurde. Das war vom Standpunkt der damaligen Heilmethode, die besagte, dass die Lunge sich ausruhen müsse,
eine ganz verrückte Art und Weise zu heilen.

Noch etwas »Anormales« tat ich, indem ich meine gedankliche Vorstellungskraft einsetzte. Ich glaubte ganz fest daran,
dass »eine Lungenkrankheit mich nicht zu Fall bringen wird«,
dass die Tuberkulose ganz sicher heilen wird. Ich stellte mir
dauernd vor, dass sie bestimmt heilt. Ich hatte dieses völlig
unbegründete, aber immens starke Selbstvertrauen tief im
Inneren meines Herzens, dass als Arzt zu arbeiten meine
Mission war, und dass einen Menschen, der sich mit voller
Kraft seiner Mission verschrieben hat, der Himmel nicht
davon abhalten würde.

Nach etwa einem Jahr bekam ich kein Fieber mehr und
irgendwann waren die Symptome der Tuberkulose vollständig
verschwunden. Zu diesem Zeitpunkt wusste ich noch nichts
von der unerschöpflichen Kraft des Universums, und ich hielt
die Heilung auch nicht für eine Folge meiner Atemtechnik.
Ich gehe aber davon aus, dass ich sie unbewusst durch die
Kraft der Gedanken, die Stärke der gedanklichen Vorstellung, bewirkt habe.

Ich hatte, ohne es zu bemerken, eine »Schwärzung des Geistes« vorgenommen und mit der Linse der gedanklichen Vorstellung die Macht der unerschöpflichen Kraft gebündelt.

Ich habe gehört, dass Menschen, die mit Chi Gong heilen,
sich, während ihr eigenes Ki (Chi) fließt, ganz konkret vorstellen, dass der Patient geheilt ist oder ein anderes, freud-
volles Bild. Auch das kann man als eine »Schwärzung des
Geistes« bezeichnen, welche die Heilwirkung des Ki verstärkt, da es eine konkrete Vorstellung ist.

Beruf
Als ich meine Praxis in der Anfangszeit der Ära Shôwa (1926-
1989) eröffnete, war das mitten in einer großen Rezession.

Man könnte ja denken, dass die Rezession die Ärzte nicht betrifft, aber zu jener Zeit gab es das heutige Krankenversicherungssystem noch nicht, und so mussten die Patienten selbst den vollen Betrag der Heilkosten tragen, so dass überall Kollegen vom Strudel der Wirtschaftskrise ergriffen wurden und es ihren Praxen sehr schlecht ging.

Besonders in meinem Spezialgebiet der Inneren Medizin war es schlimm, und viele Praxen mussten schließen oder auf HNO umsatteln. Anders als in der Chirurgie, wo Notfalloperationen und Behandlungen akuter Erkrankungen notwendig waren, halfen marktübliche Arzneien bei Symptomen der Inneren Medizin wie Magenschmerzen oder Fieber, oder man nahm Hausmittel ein, und viele Menschen hielten sich mit Arztbesuchen zurück.

In allen Praxen der Inneren Medizin, denen ich einen Antrittsbesuch abstattete, war es sehr ruhig, und vielerorts waren selbst während der Sprechzeiten im Eingangsbereich keine Schuhe von Patienten zu sehen (Anmerkung der Übersetzerin: In Japan war es damals üblich, die Straßenschuhe in Praxen auszuziehen und in bereitgestellte Pantoffeln zu schlüpfen). Kurz nach der Eröffnung sah es in meiner Praxis genauso aus, nach zwei oder drei Tagen war immer noch kein Patient erschienen. Schließlich war die erste Woche vorbeigegangen, ohne dass ein einziger Patient dagewesen wäre.

Bevor jedoch der zweite Monat vergangen war, drängten sich die Patienten in meiner Praxis, sodass ich die Anzahl der Wartezimmer erhöhen musste, um dem Andrang Herr zu werden. Schließlich wurde ich der beliebteste Arzt mit eigener Praxis in Tokio und wurde vor lauter Arbeit sogar krank und das alles noch bevor die Rezession abflaute. Die anderen Praxen steckten noch immer in einer Geschäftsflaute. Warum ging nur meine Praxis so gut? Dazu fallen mir zwei Gründe ein:

Der eine ist, dass ich neben der westlichen Medizin, die ich an der Universität studiert hatte, den Patienten eine spezielle Heilmethode mittels »Handauflegen« anbot, die »Heilung durch Lebensstrahlen« genannt wurde. Deshalb waren meine Behandlungen merklich effektiver als die anderer Ärzte. Das bedeutete, dass, wenn man zu mir kam, Krankheiten geheilt wurden, die woanders nicht geheilt werden konnten. Das ist der eine Grund.

Der andere Grund ist selbstverständlich meine Kraft der gedanklichen Vorstellung. Schon bevor ich meine Praxis eröffnete, hatte ich die absolute Gewissheit, dass sie mit Sicherheit gut laufen würde.

»Ich benutze eine wunderbare Heilmethode, die keine andere Praxis anwendet. Weil ich gut heilen kann, kommen ganz sicher auch Patienten.«

»Ich werde ganz sicher heilen. Es ist selbstverständlich, dass ich heile. Und warum? Weil dies mein vorbestimmter Beruf ist, meine mir vom Himmel bestimmte Mission.«

Von ganzem Herzen glaubte ich daran und beteuerte es auch meiner Frau gegenüber. Außerdem war Freundlichkeit den Patienten gegenüber mein erstes Gebot, was ich auch immer meinem Assistenten und den Angestellten gegenüber betonte.

Ein Beispiel waren die Behandlungsgebühren: Ich sagte ihnen, dass sie keinesfalls zwischen den Patienten, die bezahlen konnten und denjenigen, die nicht bezahlen konnten, Unterschiede machen dürften. »Sie sind gleichwertig und müssen genauso behandelt werden. Wir stellen keine Rechnungen aus. Nur wenn es der Patient wünscht, stellen wir eine Rechnung aus.« Deshalb nahm ich von den Menschen, welche die Behandlung nicht bezahlen konnten, kein Geld. Ich hatte mich dafür entschieden, dass sie erst bezahlen sollten, wenn sie bezahlen konnten.

Eine Weile hatte ich sogar den Patienten den zu zahlenden Betrag freigestellt, wie sie es für richtig hielten, aber dann beklagten sich manche: »Obwohl der da Geld hat, bezahlt er auf Grund Ihrer freundlichen Worte absichtlich nicht!«, und ich schaffte dieses System ab. Das System, selbst keine Rechnungen auszustellen, behielt ich aber bis zum Schluss bei. Das war eine weitere Bestätigung für meine Überzeugung, dass der Arztberuf meine Bestimmung war, denn unter normalen Umständen hätte ich mit diesem System nicht überleben können.

Auch den Apotheker wies ich an, bei der Zusammenstellung der Medikamente nicht gedankenlos zu handeln. Damals füllte man die Medikamente zur Zusammenstellung in einen Mörser und verrieb sie zusammen, und ich wies ihn an, während er den Mörser drehte mit aller Kraft zu beten: »Die Krankheit des Patienten, der diese Arznei einnimmt, möge geheilt werden«, »Sie wird sich ganz sicher bessern«. Wenn er Schmerzmittel zusammenstellte, sollte er sie mit ganz konkreten Bitten wie: »Diese Arznei möge gut wirken und die Schmerzen des Patienten mögen vergehen«, zusammenmixen.

Das heißt, dass sogar jede einzelne Arznei mit Gedanken erfüllt war und dass so, durch die »Schwärzung des Geistes«, die Macht der gedanklichen Vorstellung mit einfloss. Etwa zu dieser Zeit wurde mir bewusst, dass der Heilungsprozess unterschiedlich ablief, je nach der »Kraft der Gedanken«. Eine Arznei, die mit der Kraft der gedanklichen Vorstellung erfüllt war, war viel wirksamer als eine Arznei, die sachlich-nüchtern und mechanisch zusammengemixt worden war. Ich wusste, dass man die Kraft der gedanklichen Vorstellung auch auf die, Arznei genannten Substanzen richten konnte, um ihre Wirkung zu erhöhen. Dass meine Praxis so gut lief, verdanke ich nur meinem starken Selbstvertrauen und den Ergebnissen der starken gedanklichen Vorstellung.

Deshalb geriet ich auch überhaupt nicht in Panik, als eine

Woche nach Eröffnung der Praxis noch kein einziger Patient erschienen war. Gelassen und ohne Zweifel, so saß ich allein auf einem Stuhl in meinem leeren Untersuchungszimmer, schloss meine Augen und stellte mir deutlich die Szene vor: »Der Eingangsbereich ist voller aufgereihter Straßenschuhe und das Wartezimmer füllt sich mit Patienten.« Durch das starke Vertrauen und die gedankliche Vorstellung wurde diese Visualisierung bald Wirklichkeit.

Zwischenmenschliche Probleme (Streit)

Indem man selbst eine Szene visualisiert, bei der ein Problem, das man mit einem anderen hat, bereits gelöst ist, wird auf diese Weise auch eine »Schwärzung des Geistes« des Partners bewirkt. Dies ist sehr hilfreich bei der Aktivierung der unerschöpflichen Kraft. Dazu ein Beispiel:

Das Appartementhaus, in dem ich jetzt wohne, ist wirklich von verschiedenen Aspekten her gesehen sehr angenehm und ich bin dankbar dafür, hier leben zu können, da es keinen besseren Ort gibt, um seinen Lebensabend zu verbringen, aber vor einiger Zeit gab es wegen einer Kleinigkeit ernsthafte Schwierigkeiten zwischen den Bewohnern.

Ich will nicht in die Details gehen, aber die Bewohner waren in zwei, sich gegenüber stehende Lager gespalten, und obwohl ein Angestellter der Verwaltungsgesellschaft zwischen ihnen zu vermitteln versuchte, konnte der Streit nicht beigelegt werden. Die Stimmung im Haus war so schlecht geworden, dass es einige Angestellte der Verwaltungsgesellschaft nicht mehr aushielten und kündigten, und schließlich zogen auch Bewohner aus.

Aus der Umgebung hörte ich Kommentare wie: »Obwohl dieses Apartmenthaus hervorragend ausgestattet ist und selbst die Pflege sehr rücksichtsvoll ist, streiten sich die Bewohner nur noch.« Besorgte Menschen schlugen Gegenmaßnahmen vor, aber das half auch nichts. Schließlich wurde ein

Klub gegründet, dem alle Bewohner und alle Angestellten der Verwaltungsgesellschaft angehörten und mich bat man darum, die Rolle des Vorsitzenden zu übernehmen.

Bis dahin hatte ich eine neutrale Position in dem Streit eingenommen. Ich glaube deswegen, und weil ich der älteste Bewohner war, wurde ich dazu auserwählt, aber zunächst lehnte ich hartnäckig ab. Schließlich gab ich den drängenden Bitten nach und nahm das Amt dann doch an. Erstaunlicherweise fand ich bereits am nächsten Morgen einen feindseligen Brief im Briefkasten. Es wurden auch verleumderische Lügen über mich im Haus verbreitet. Ich war es leid und fand die Situation ausgesprochen schlimm, aber dies spornte mich gleichzeitig an.

Als ich offiziell zum Vorsitzenden gewählt wurde, bat ich alle nur um zwei Dinge: Sie sollten fest entschlossen sein, aus eigener Kraft wieder Frieden im Haus herzustellen. Und sie sollten freundlich zu den Menschen sein. Sonst sagte ich nichts. Danach kamen pausenlos beide Parteien zu mir, um, jede für sich, ihren rechtmäßigen Standpunkt zu betonen. Auch das brachte die Gerüchteküche zum Brodeln.

Wenn ich mich mit jemandem auf dem Gang unterhalten hatte, kam, noch bevor ich ins Appartement zurückkehren konnte, ein Vertreter der anderen Partei und redete auf mich ein: »In Wirklichkeit war das so....« Das ging Schlag auf Schlag und die Betreffenden waren voller Leidenschaft. Ich hörte beiden Seiten gut zu. Ich urteilte nicht, welche Seite Recht hatte und welche Unrecht. Ich äußerte mich überhaupt nicht dazu. Ich tat auch nichts Konkretes zur Aussöhnung.

Auch denjenigen, die zwischen beiden Seiten standen, und unter dem Zwist litten, die nicht wussten, wie sie sich verhalten sollten und mich um Rat baten, antwortete ich nur: »Bitte haben Sie noch etwas Geduld, das wird schließlich alles in Ordnung kommen.« Noch immer fanden sich in meiner Post seltsame Briefe und Klagen, und Nachrichten wurden mir sogar unter der Türe durchgeschoben.

Die Lage wurde immer verzwickter. Ich aber wiederholte nur die beiden obigen Punkte und saß abends am (shintoistischen) Altar, praktizierte die *Methode* und stellte mir deutlich vor: »Diese internen Zwistigkeiten sind gelöst; sie sind gelöst.« Dazu visualisierte ich Szenen wie zum Beispiel, dass alle Bewohner friedlich miteinander Spaß am Tanzen hätten, sich im Salon gut unterhielten und viel lachten.

Ich beabsichtigte nicht, konkrete Maßnahmen zu ergreifen, das hatten andere bereits erfolglos probiert und es war auch nicht nötig, weil meine Gedanken bereits auf der Ebene der Quarks verwirklicht waren. Die unerschöpfliche Kraft des Universums war bereits dabei, die Kraft einzusetzen, damit unter meiner Vermittlung diese Dinge in unserer materiellen Welt Wirklichkeit würden. Ich vertraute ganz fest darauf.

Nach einigen Tagen kam der Mieter der Nachbarwohnung wieder zurück, der eine Weile verreist gewesen war, und meinte:

»Die Stimmung im Haus hat sich verändert, nicht wahr? Mir scheint, alle gehen nun irgendwie sanfter und freundlicher miteinander um.«

Auf diese Weise hatte sich die Aufregung in weniger als einem Monat größtenteils gelegt, und zwei bis drei Monate später hatte sich der Gegensatz vollständig aufgelöst. Wie ich es mir vorgestellt hatte, saßen die Bewohner in der Teestube fröhlich plaudernd beisammen und ehemals verfeindete Bewohner besuchten gemeinsam die verschiedenen Veranstaltungen.

Bei dieser Geschichte fällt mir die japanische Legende ein, von einem alten, weisen Mann, der verdorrte Pflanzen zum Blühen brachte, und vielleicht ist es etwas Ähnliches. Genauso, wie es möglich ist, dass allein durch die Visualisierung des Zieles, ohne Handlung, ein verdorrter Baum zu blühen beginnt, ist es auch möglich, dass der Streit in einem Wohnhaus beigelegt werden kann. In beiden Fällen ist die unerschöpfliche Kraft des Universums am Werk.

Fernheilung
Die Kraft der gedanklichen Vorstellungen überwindet auch Entfernungen. Die Materie ist an die Gesetze der Physik gebunden. Die Herzenswünsche aber gehören zur vierten Dimension, sie sind nicht den Gesetzen von Raum und Zeit unterworfen. Auf diese Weise kann etwas, das man sich für jemanden, der sich an einem anderen Ort befindet, wünscht, sofort in Erfüllung gehen.

Dazu das folgende Beispiel: An einem Morgen vor etwa zwei Jahren erhielt ich einen Anruf von meinem in Tokio lebenden, jüngeren Bruder. Er hatte von der Hüfte bis in den Rücken Schmerzen und die ganze Nacht nicht geschlafen. Er konnte sich nicht im Bett umdrehen und auch nicht aufstehen. Er hatte selbst versucht, die *schöpferische Kraft der Gedanken und der richtigen Atmung* zu praktizieren (auch mein jüngerer Bruder übt diese Technik), aber das zeigte keine zufrieden stellende Wirkung. »Bitte hilf mir, älterer Bruder!« Das war der Inhalt seines Anrufes.

Mein Bruder ist neun Jahre jünger als ich. Nach dem Krieg hatte er an der Kyûshû Universität Forstwirtschaft gelehrt. Auch nach der Emeritierung war er in Tokio an der Landwirtschaftlichen Universität sowie in politischen Ausschüssen und Forschungsstellen tätig.

Er hatte auch früher schon öfter leichte Schmerzen in der Hüfte gehabt, aber er beschwerte sich am Telefon, dass es erstmals so schlimme Schmerzen seien. Der Zeitpunkt war ebenfalls äußerst unpassend, denn genau an diesem Tag fand die Feier zum fünfzigjährigen Bestehen der »Vereinigung zur Erforschung von Geist und Seele«, deren Vorsitzender er war, statt. Deshalb dürfte er auf keinen Fall jetzt krank sein. Er bat mich, ich solle ihm meine Vorstellungskraft schicken und ihn heilen.

Ich sage meinem Bruder immer wieder, dass er mir Bescheid sagen soll, wenn er Probleme hat, weil ich ihn jederzeit unterstützen würde. Es gibt zwischen uns eine unausgesprochene Vereinbarung, dass wir uns immer gegenseitig helfen. In den meisten Fällen ermuntere ich die Menschen, sich selbst zu helfen, was ihnen dann auch gelingt, aber bei ihm sagte ich zu und legte den Hörer mit den Worten auf: »Gut, dann bleibe aber bitte zwanzig Minuten so liegen.«

Sofort schickte ich ihm meine gedankliche Vorstellung, während ich die schöpferische Kraft der Gedanken benutzte und richtig atmete: Ich stellte mir vor, wie sich mein Bruder erhob, seine forsch schreitende Gestalt, und wie er auf dem Podest stand und Urkunden überreichte. Nach etwa zwanzig Minuten beendete ich die Sitzung und rief ihn an, um ihm zu sagen: »Ich bin jetzt fertig. Jetzt kannst du aufstehen.« Der Schmerz war nicht sofort verschwunden, aber mein Bruder stand dann auf und konnte an diesem Tag die Veranstaltung ohne Zwischenfälle und wie geplant durchführen.

Auch die Frau meines Bruders bat mich des Öfteren um einen Gefallen und manches Mal klingelte deswegen das Telefon. Vor kurzem erst, als sie einen ganzen Tag lang über steile Straßen gelaufen war, da sie ein Grab kaufen wollte, hatte sie am darauf folgenden Tag solche Schmerzen von den Hüften bis in die Knie, dass sie kaum aufstehen konnte. Mein Bruder hatte zwar die Hände auf die betroffenen Stellen gelegt und seine Gedanken dort hingesandt, aber es hatte kaum gewirkt. »Es tut mir leid, dass wir dich damit belästigen müssen, aber lieber Bruder, bitte hilf!«

Meine Schwägerin ist erst vor kurzem achtzig geworden. Sie leidet, wie viele Frauen, an Osteoporose und die Schmerzen in den Knien sind chronisch geworden. Ich habe meine

77

Methode praktiziert. Danach wurden die betroffenen Stellen innerhalb von weniger als fünf Minuten plötzlich leicht und fühlten sich angenehm an, und sie konnte sich wieder ohne Beschwerden bewegen.

Mein Bruder und seine Frau benutzen schon seit langem die *Methode*, aber wenn trotzdem ein körperliches Gebrechen nicht heilen will oder sie einen Wunsch haben, kommt es häufig vor, dass sie, sogar ohne mich direkt zu bitten, sich mental auf meine Kraft verlassen.

Entfernung und Raum bilden dabei überhaupt kein Hindernis. Egal, ob der andere in Okinawa ist oder in New York, wenn die unerschöpfliche Kraft in Bewegung gesetzt wird, erfüllt sich dort sofort, was ich mir hier wünsche.

Deshalb möchte ich, dass Sie, liebe Leserinnen und Leser, sich merken, dass die Gedanken schneller übertragen werden als das Licht und von Entfernungen unabhängig sind.

Weiter oben habe ich den Versuch, bei dem durch das Ki die Qualität des Wassers verändert wurde, kurz vorgestellt. Bei einem weiteren Versuch wurde ebenfalls nachgewiesen, dass das Ki Entfernungen überwinden kann. Wenn in Peking Wasser bereitgestellt wurde und ein Qi Gong Meister von Tokio aus sein Ki dorthin sandte, veränderte sich die elektrische Leitfähigkeit des Wassers. Allerdings kam man in diesem Fall zu dem Ergebnis, dass die Veränderung stärker war, wenn sich das Wasser und der Qi Gong Meister beide in Tokio befanden.

Natürlich war dieser Versuch unter strenger, wissenschaftlicher Aufsicht durchgeführt worden. Damit wurde bewiesen, dass die Kraft der gedanklichen Vorstellung von der Entfernung unabhängig ist. Diese Phänomene, einschließlich der Beispiele von meinem Bruder und mir, sind bisher jedoch nicht im Rahmen der modernen Wissenschaft zu erklären. Es sind Dinge, die es in der dreidimensionalen Welt nicht geben kann. (Mehr zu solchen Phänomenen und ihrer Erfor-

schung finden Sie in dem Buch »*Indigo Schulen*« von Paul
Dong und Thomas Raffill, erschienen im KOHA Verlag.)
Betrachtet man diese Phänomene jedoch unter dem Gesichts-
punkt, dass Ki und auch gedankliche Vorstellungen eine Art
von Schwingung sind und sich genauso wie die Schwingungen von Tönen und Elektrizität verbreiten, so erscheint es
nicht als unnatürlich, dass man weit entfernte Dinge und
Menschen damit beeinflussen kann. Sicher ist es auch Ihnen
schon öfters geschehen, dass Sie Menschen, die Ihnen verbunden sind, Gedanken gesandt haben und die Empfänger
das gespürt und vielleicht kurz darauf angerufen haben.

Ich will noch ein Beispiel vorstellen, das zeigt, wie die
gedankliche Vorstellung unabhängig von der Entfernung
wirkt. Ich beziehe mich auf einen Brief von Frau I aus der
Präfektur Chiba, den ich gerade während der Entstehung
dieses Manuskriptes erhalten habe.
»Bei der Krankheit meiner verheirateten Tochter habe ich
eine wertvolle Erfahrung machen dürfen. Ich war entsetzt,
als ich letztes Jahr im November plötzlich einen Anruf
meiner Tochter erhielt und hörte: ›Ich habe einen Tumor
am Halsnerv und werde in der Universitätsklinik operiert.‹
Ich hatte nur noch Angst und überlegte, was ich, als Mutter,
ihr Gutes tun könne.« Gerade in dieser Zeit hatte ihr Mann
durch einen Bekannten von mir und der *Methode* gehört.
Dieser Bekannte hatte ihnen die Technik empfohlen und
das Ehepaar I kam zu einer Veranstaltung der »Shin-wa-
kai« (»Welt des wahren Friedens«, eine Organisation, welche
meine *Methode* der *schöpferischen Kraft der Gedanken und
der richtigen Atmung* verbreitet), und wohl auch durch die
Anregung des Ehepaares Kakiuchi, der Leiter des Shin-wa-
kai, begannen sie die *Methode* anzuwenden.
Der Bekannte des Mannes bestärkte Frau I in ihren Bemü-
hungen, indem er ihr erklärte, dass das Band zwischen Mutter

und Kind stärker ist als alle anderen. Frau I strengte sich ernsthaft an und beschloss, das Übrige den Gottheiten und dem Himmel zu überlassen. Im Brief schreibt sie:
»In diesem Augenblick wurde es mir leicht ums Herz, auch das richtige Atmen wurde ruhiger und tiefer, und ich konnte die Technik, tief und langsam atmend ausführen.«
Wie auf der Röntgenaufnahme zu sehen war, hatte sich der Nerventumor der Tochter um die Halsschlagader gelegt, was sehr gefährlich ist. Trotzdem stellte sich Frau I weiterhin vor, dass die Operation durch die unerschöpfliche Kraft des Universums erfolgreich ist. Bei der Operation zeigte sich, dass der Tumor tatsächlich um die Halsschlagader lag, aber er war abgeblättert. Darüber waren die Ärzte sehr verwundert. Die Operation war schnell beendet, und obwohl man von einem viermonatigen Krankenhausaufenthalt ausgegangen war, konnte die Tochter nach zwei Monaten bereits wieder nach Hause gehen.

Der Brief endet folgendermaßen:
»Die unerschöpfliche Kraft des Universums verleiht dem Menschen die Kraft zum Leben, führt zur Heilung und zum Glück. Es reicht nicht, wenn man in schweren Zeiten die Gottheiten bittet. Täglich danke ich von tiefstem Herzen Ihnen, Herr Doktor Shioya, dem Ehepaar Kakiuchi, Herrn N (dem Bekannten ihres Mannes) und den Ärzten im Krankenhaus.«

Bekräftigen statt bitten

Ich halte mich von jedweder Religion fern und ich schließe mich keiner bestimmten an, aber es gibt unter den berühmten historischen religiösen Führern viele große Persönlichkeiten, die es verdienen, respektiert zu werden. Ich weiß, dass sie in das Wesen der Dinge vordrangen, scharf beobachteten und viele weise Worte sprachen.

Zum Beispiel Jesus Christus. Christus war sich der Kraft der Worte und der gedanklichen Vorstellung bewusst und ich denke, er ist einer der wenigen religiösen Führer, die mit der Macht dieser Anwendung vertraut waren. Das Johannes-Evangelium, zum Beispiel, beginnt:

»Am Anfang war das Wort, und das Wort war bei Gott, und das Wort war Gott. Im Anfang war es bei Gott. Alles ist durch das Wort geworden, und ohne das Wort wurde nichts, was geworden ist.« (Joh.1, 1-3, Einheitsübersetzung, Pattloch Verlag 1981)

Darin zeigt sich deutlich, welch große Macht den Worten zugeschrieben wurde. In meinen Worten ausgedrückt: Auch die Worte sind Gott selbst, alle Dinge sind durch die Worte erschaffen, und es gibt nichts, was durch etwas anderes als Worte erschaffen wurde. Worte sind die Ausdrucksform der Gedanken, diese bringen alle Dinge hervor, und es gibt keine andere ursprüngliche Ursache. Das heißt, dass starke Worte und gedankliche Vorstellungen alle Dinge erschaffen.

Christus hat auch den folgenden Ausspruch hinterlassen: »Bittet, so wird euch gegeben.« Ich denke, dass das wirklich wunderbare Worte sind, sie besagen, dass im Augenblick des Gebetes, das, worum gebeten wurde, sich erfüllt. Worum man bittet, das ist bereits in dem Moment Wirklichkeit, weil man darum gebeten hat.

Diese Gebete und Bitten werden nicht erfüllt, weil Gott sie erhört. Sie erfüllen sich, weil der Mensch so inständig darum bittet.

Aber als Bedingung dafür ist es wichtig, dass die lebhafte, bildliche Vorstellung der Szene in der Vergangenheitsform »es ist bereits eingetroffen« ausgedrückt wird, dass man also feststellt und bekräftigt, dass dieser Wunsch bereits in Erfüllung gegangen ist. Durch das Bewusstsein dieser Feststellung wird ein starker Impuls ausgestrahlt, auf der Ebene der Quarks geht die Bitte in Erfüllung. Wenn man sich weiterhin in Gedanken darauf konzentriert, bündelt man die unerschöpfliche Kraft des Universums wie mit einer Linse, und so manifestiert sich die Erfüllung des Wunsches auch in der dreidimensionalen, materiellen Welt.

Wenn man sich von einer schweren Krankheit heilt, sollte man nicht sagen: »Bitte heile mich« oder »Möge ich geheilt werden«. Wenn man im Geschäft Erfolg haben will, geht das nicht mit: »Möge ich Erfolg haben« oder »Bitte mache mich erfolgreich«. Der Schlüssel liegt darin, dass man feststellt: »Ich bin geheilt«, »Ich habe Erfolg«. Viel stärker noch als eine einfache Bitte oder ein Gebet, ist die Behauptung mit der darin enthaltenen Vorstellung. Durch diese Kombination nimmt die Wahrscheinlichkeit der Verwirklichung stark zu. Bei einem hoch gesteckten Ziel hat ein Gebet allein meist nicht die ausreichende Kraft, um den Wunsch zu verwirklichen.

Das sehen wir zum Beispiel daran, dass es nicht weniger Kriege auf dieser Welt gibt, obwohl es sehr viele Menschen gibt, die um den Frieden beten. Nicht dadurch, dass viele Menschen darum beten, sondern wenn sie bekräftigen, dass »der Weltfrieden bereits eingetreten ist«, wenn sie sich diese Vision intensiv vorstellen, dann wird der Weltfrieden verwirklicht werden.

Ich nenne dies die »Große Bekräftigung« und rezitiere sie bei Heilungs- und Friedenszeremonien. Ich möchte auch Sie, liebe Leserinnen und Leser, anregen diese »Große Bekräftigung« zu praktizieren, und werde deshalb Genaueres dazu im letzten Kapitel sagen.

Freier Wille – Determination

Letztendlich läuft es bei der Verwirklichung der Vorstellungen auf die Frage hinaus, ob die Gedanken darüber stark oder schwach sind. Die Stärke oder Schwäche der Vorstellung bestimmt, ob die Verwirklichung des Wunsches erfolgreich ist oder nicht, der Inhalt des Wunsches spielt dabei keine Rolle. Deshalb gehen auch Vorstellungen von einer Niederlage und schlechte Gedanken in Erfüllung, wenn die Gedankenkraft dazu stark ist.

Wenn gelegentlich das Böse ausufert, dann liegt das daran, dass die Gedanken der Böses tuenden Menschen dringender und intensiver sind als die Gedanken der Menschen, die Gutes tun wollen. »Wegen diesem Kerl habe ich in der Arbeit keinen Erfolg, deshalb wäre es nicht schlecht, wenn ich ihn irgendwie verletzen könnte. Wenn dieser Kerl nicht wäre, hätte ich ganz sicher Erfolg, also soll er krank werden und sterben! Egal wie – ich will viel Geld.« Auch solche »schlimmen«, negativen Wünsche, die aus Rachegefühlen, Eifersucht und Hass entstehen, gehen in Erfüllung, wenn man es sich nur stark genug wünscht.

Ich erkläre es mir so: Gott, die unerschöpfliche Kraft des Universums, hat den Menschen als Menschen erschaffen. Er hat ihn nicht als seine Marionette konstruiert.
Deshalb hat er dem Menschen den freien Willen verliehen. Der Mensch denkt und handelt aus eigenem Willen und eigener Urteilskraft und trägt dafür die Verantwortung. Wenn man also aus freiem Willen das Böse wählt, dann geht auch das in Erfüllung.
Es wäre wohl ein Leichtes gewesen, den Menschen so zu konstruieren, dass er nur nach dem Willen Gottes handeln könnte. Es wäre gewiss einfach gewesen, einen Menschen zu schaffen, der nur Gutes täte und niemals Böses. Aber dann

wäre der Mensch ein Roboter geworden. Was den Menschen zum Menschen macht, ist der freie Wille.

Man kann also sowohl Gutes, als auch Böses tun.

Deshalb verwirklicht sich alles, auch das Böse und negative Gefühle und Gedanken – einfach alles, wenn man es sich nur stark genug wünscht. Allerdings muss der Mensch dafür selbst die Verantwortung übernehmen. Wenn wir Böses tun, schaffen wir genau in dem Maße Ursachen für weiteres Böses. Diese Ursachen werden auf alle Fälle irgendwo Früchte tragen und uns selbst wiederum treffen.

Wenn wir durch schlechte Gedanken jemandem Schaden zufügen oder ihn behindern, dann ereilt uns selbst das gleiche oder gar noch ein schlimmeres Unglück oder Unheil. Das ist das Gesetz der Entsprechung von Ursache und Wirkung. Das Sprichwort: »Wenn man einen Menschen verflucht, hat das für beide Konsequenzen«, hat Recht. Außerdem heißt es, dass Rücksicht sich doppelt auszahlt, Vergeltung jedoch dreifach auf einen zurückfällt. Auch negative Wünsche gehen in Erfüllung, doch damit zieht man weitere schlechte Umstände an. Auf lange Sicht gesehen, ziehen Laster und der Missbrauch der Gedanken nur einen Rattenschwanz an Negativem nach sich.

Ich will hier nicht einfach eine moralistische Lehre darlegen, mit dem Tenor, dass man nichts Böses tun solle, sondern durch den Zyklus der Entsprechung von Ursache und Wirkung die Menschen, die Böses tun, zu der Erkenntnis bringen, dass sie immer selbst verantwortlich sind. Diese Möglichkeit hat Gott dem Menschen durch den, für den winzig kleinen Geist des Menschen, unermesslich großen Willen gegeben.

Die Existenz der DNS lässt darauf schließen, dass die Lebewesen einer Art von Determinismus unterworfen sind. Zum Beispiel gibt es Familien, in denen Krebs oder Diabetes eher auftritt als in anderen, das heißt, dass die Information in den Zellen bereits vor der Geburt festgelegt ist und später nur sehr schwer verändert werden kann. Mit anderen Worten: »Angeborenes kann man kaum ändern.«

Ich glaube allerdings: »Angeborenes kann man ändern.« Ich denke, dass man mit der schöpferischen Kraft der Gedanken und der richtigen Atmung die unerschöpfliche Kraft des Universums in den Körper aufnehmen und sie auf die Gene übertragen kann und es dann möglich ist, die angeborene Geninformation in eine positive Richtung zu verändern. Wahrscheinlich ist es unmöglich, die Gene auszutauschen. Aber es sollte möglich sein, eine negative Disposition, eine verstärkte Anfälligkeit für bestimmte Krankheiten, in eine positive Tendenz umzuwandeln.

Wenn man bei der Ausübung der *Methode* frischen Sauerstoff und Lebensenergie bis in das Innerste des Körpers einsaugt, werden alle Zellen aktiviert. Wenn die Zellen aktiviert werden, wird auch die DNS in den Zellkernen positiv beeinflusst. Die für den Organismus negativen Informationen werden verringert und nur die positiven Informa-tionen verstärkt. Man kann auf diese Weise auch unbenutzte Informationen aktivieren und bis jetzt latente Fähigkeiten an die Oberfläche holen.

Des Weiteren erstreckt sich der positive Einfluss auch auf den Geist. Auch ein angeborenes Temperament und Charaktereigenschaften können durch die »Ansteckung« der Gene mit der unerschöpflichen Kraft des Universums verändert werden. Es dürfte auch möglich sein, den vom Vater ererbten Geiz in einen großzügigen Charakter zu verwandeln. Das heißt, nicht nur die Schwächen und Lücken auf der körperlichen Ebene, sondern auch die auf der geistigen Ebene können auf der Ebene der Gene korrigiert werden. Die Tendenzen des Körpers und des Geistes abändern zu können – das bedeutet auch, dass man sein eigenes Schicksal verändern kann. Die Tatsache, dass die körperlichen und geistigen Gegebenheiten sich verändern, bedeutet, dass das Schicksal auf neuen Voraussetzungen aufbaut. Dadurch ändert sich natürlich auch die Art und Weise, wie Glück und Unglück in Erscheinung treten. Und wenn der Mensch sich nicht am Gängelband der Gene und des Schicksals führen lässt, hat er auch die Möglichkeit, sich auf allen Ebenen weiter zu entwickeln.

Wachstum ist die Natur aller Dinge. Es gibt nichts, das Gott geschaffen hat, das so angelegt ist, dass es nicht wächst, oder dass es sich in eine negative Richtung entwickelt. Gott, die unerschöpfliche Kraft des Universums, hat alle Dinge so geschaffen, dass sie wachsen und sich in eine positive Richtung entwickeln.

Sokrates lehrte, dass der Mensch ursprünglich auf der Suche nach dem »Guten« in seinem Leben sei, und betrachtete dies als »das Gesetz vom Ursprung des Universums«. Es ist genauso, wie es dieser Philosoph behauptet: Positives Denken und der Wille zum Wachstum sind die Grundlagen für den Ursprung aller Dinge, und auch der Mensch, der keine positive Grundeinstellung besitzt, ist ursprünglich als positiv denkendes Wesen erschaffen worden.

Dass die Menschen manchmal negativ denken oder von negativen Gefühlen ergriffen werden, wird dadurch verursacht, dass sie die unerschöpfliche Kraft des Universums nicht genügend für ihr Leben einsetzen. Wenn durch das Üben der schöpferischen Kraft der Gedanken und der richtigen Atmung eine immense Kraft freigesetzt wird, entfalten die Menschen ihre ursprüngliche Kraft, leben mit einer positiven Einstellung und können dann aus eigener Kraft gute Taten anhäufen.

Die Kraft und das Gesetz, welche alle Dinge im Universum bewegt, ist das Gute. Das Universum denkt positiv. Es heißt, dass sich das Universum seit seiner Geburt unaufhörlich ausdehnt, und man kann sich vorstellen, dass es von Minute zu Minute wächst. Weil Wachstum die Natur aller Dinge ist, kann der Mensch, ohne von seinen Genen eingeschränkt zu werden, Angeborenes ändern und wachsen.

Wahrscheinlich hat Gott sich zunächst ein Bild vom idealen Menschen gemacht und uns dann so erschaffen, dass wir uns auf diese vollendete Form hin entwickeln. Deshalb kann man die Lebensgeschichte der Menschen, sowohl die individuelle als auch die Entwicklungsgeschichte der Menschheit, als einen sehr langen Prozess des Wachstums in Richtung auf diese vollendete Form hin bezeichnen.
Wachstum ist ein, bis in alle Ewigkeit andauernder Prozess. Wie diese vollendete Form aussieht, die sich der Schöpfer als letztendliches Menschenbild ausgemalt hat, wissen wir, die wir uns in Entwicklung befinden, nicht. Wir sind so angelegt, dass wir wachsen – aber wir können nicht wissen, wohin oder in welche Form, und wir müssen es auch nicht wissen.
Es ist wie bei der Herstellung einer Teeschale aus Keramik: Wir malen uns zuerst die vollendete Form im Kopf aus, kneten den Ton, formen ihn, brennen diese Form dann im Ofen und so weiter. Die Teeschale aber weiß nicht, welche Form sie erhalten wird oder wie der nächste Herstellungsschritt sein wird, obwohl der Hersteller sich die vollendete Form vorstellt.

Übrigens glaube ich, dass wir uns, was den Körper, seine Gestalt und seine Funktionen angeht, dem Idealbild des Schöpfers nähern. Nur im Hinblick auf Seele und Geist, also auf der spirituellen Ebene, stehen wir noch immer auf einer Stufe unter den kleinen Kindern, und haben uns, meiner Meinung nach, noch nicht auf den Weg, in Richtung auf die vollendete Form hin, gemacht.

Der Mensch ist ein, bis in alle Ewigkeit wachsendes Lebewesen – das klingt vielleicht zunächst einmal wie darwinistische Evolutionstheorie. Darwins Theorie besagt, dass sich die Lebewesen zu immer höheren Gattungen mit immer mehr Fähigkeiten durch die natürliche Selektion, den Kampf ums Überleben, entwickeln. Vielleicht trifft dies auf die Entwicklung der Tier- und Pflanzenarten zu, aber – wie bereits gesagt – hat der Schöpfer sich ein Bild vom vollendeten Menschen, so wie er sein soll, ausgemalt und den Menschen von Beginn an als Menschen geschaffen. Der Mensch hat sich nicht gemäß der Regel vom Überleben des Fittesten aus anderen Tierarten entwickelt und seine heutige Gestalt angenommen. Der Mensch war von Anfang an ein Mensch.

Da allerdings der Mensch unter den Lebewesen das Wesen auf der höchsten Stufe ist, hat der Schöpfer sich wohl gedacht, dass der Mensch als so genannter Führer das »Leben« der verschiedenen Lebewesen von den Einzellern bis zu den Tieren der höheren Klassen kennen müsse. Im Grunde erfährt der Mensch im Mutterschoß diese »Geschichte« mit dem eigenen Körper, dadurch, dass er die Formen verschiedener Tiere, angefangen vom Fisch, durchläuft.

Die drei »richtigen Geisteshaltungen«
An dieser Stelle möchte ich die, bereits im ersten Kapitel kurz erwähnten drei Einstellungen näher erklären. Sie haben bei der *Methode* der *schöpferischen Kraft der Gedanken und der richtigen Atmung* eine unterstützende Funktion.
  1. Von allen Dingen positiv denken
  2. Das Danken nicht vergessen
  3. Nicht nörgeln

Mit Hilfe dieser drei richtigen Geisteshaltungen können wir unsere ursprünglich positive Natur und unser, vom Willen zum Wachstum geprägtes Wesen entsprechend ausdrücken.

88

Natürlich ist der richtige Einsatz des Geistes nicht auf diese drei Punkte beschränkt. Es gibt noch viele andere, aber ich betone besonders diese drei, weil sie grundlegend und im Alltagsleben leicht einzusetzen sind.

1. Von allen Dingen positiv denken: Da in letzter Zeit sehr viel über die große Bedeutung des positiven Denkens gesprochen wird, muss ich das hier nicht mehr ausführen. Es ist erwiesen, dass positive Gedanken sich bis auf die körperliche Gesundheit auswirken, so z.B. das Immunsystem des Körpers stärken. Diese Geisteshaltung ist also keine Regel, um ein besseres (im Sinne von Moral oder Religion) Leben zu führen, sondern ein handfestes und wichtiges Element, um sich die Gesundheit von Körper und Geist zu erhalten.

   Wir haben also eine positive Grundhaltung und sind bei allen Umständen und Situationen, die sich ergeben, bereit, die Chance darin zu sehen und zu nützen. Das hat nichts mit weltfremdem Schönreden oder eine rosarote Brille tragen, zu tun – im Gegenteil, statt dass sich der Blickwinkel mit Fokus auf das Negative, die Schwierigkeiten, verengt, sehen wir beide Seiten und können so unsere Möglichkeiten erkennen.

   Wenn man zum Beispiel krank ist, entstehen negative Begleiterscheinungen, man kann nicht mehr arbeiten und ist finanziell stark belastet. Jede Münze hat allerdings zwei Seiten, und bei einer Krankheit kann man sich andererseits der Freundlichkeit anderer Menschen bewusst werden und man kann Hilfe anzunehmen und zu schätzen lernen.

   Und statt in negative Denkmuster zu fallen: »Es geht mir so schlecht«, »Es ist alles so schlimm«, denkt man lieber positiv: »Ich packe das« oder noch besser: »Das Problem ist schon gelöst« und schafft auf diesem Wege die Basis für eine aktive Problembewältigung.

2. Das Danken nicht vergessen: Dankbarkeit, das kann ein Grundgefühl sein und dann ist es wichtig, sich immer wieder daran zu erinnern. Die Energie folgt der Aufmerksamkeit – wenn wir uns der Dankbarkeit bewusst sind, senden wir entsprechende Schwingungen aus und ziehen damit gleichartige Schwingungen an, das heißt, es werden sich immer mehr Situationen ergeben, für die wir hinwiederum mit gutem Grund dankbar sein können.

Manchen Menschen fehlt es an der positiven Grundhaltung, diese müssen ihre Aufmerksamkeit auf die Dinge richten, für die sie dankbar sein können und seien sie auch noch so klein. Es mag zwar Menschen geben, die behaupten, es gäbe in ihrem Leben nichts, aber auch gar nichts, für das sie dankbar sein könnten, aber eigentlich kann man schon sehr dankbar dafür sein, dass man jeden Tag lebt.

Wir leben keineswegs aus unserer eigenen Kraft allein. Wir werden durch die Hilfe und das Wohlwollen unserer Familie und der anderen Menschen in unserer Umgebung, durch die Gnade der Natur sowie die Weisheit der unsichtbaren, unerschöpflichen Kraft des Universums am Leben erhalten. Deshalb können wir, selbst wenn es nichts anderes mehr gibt, diesen uns im Leben unterstützenden Wesen Dankbarkeit erweisen.

Sind wir also dankbar für alles, was uns geschieht – angefangen bei dem Wunder unseres eigenen Lebens, oder halten wir all dies für zufälliges Schicksal und nicht des Dankes wert? Bereits durch diesen Unterschied in der Geisteshaltung ergibt sich eine völlig andere Grundstimmung im Leben.

3. Nicht nörgeln: Wenn man, statt dankbar zu sein, an allem etwas auszusetzen hat, werden diese negativen Gefühle und Gedanken zu Schwingungen, die ausgestrahlt

werden, um schließlich Ereignisse anzuziehen, durch die man wiederum zum Nörgeln verleitet wird. Gedanken wie: »Ich stecke in Schwierigkeiten«, »Das mag ich aber nicht«, »Das schaffe ich nicht«, »Das ist für die Katz'«, »Das ist hart« oder »Das ist aber mühselig« usw. ziehen schwierige, unangenehme, harte und mühselige Situationen an.

Wir weinen, weil wir traurig sind. Das glauben wir zumindest, aber in Wirklichkeit ist die Umkehrung zutreffender: Weil wir weinen, werden wir traurig. Wenn wir von jemandem etwas Provozierendes gesagt bekommen, geben wir eine Beschimpfung zurück, obwohl es nicht schwierig wäre, diese Worte schweigend anzunehmen und an sich herabgleiten zu lassen. Das Ergebnis ist, dass wir noch Öl in das Feuer der Wut schütten.

Hier ist es einerseits wichtig, das Nörgeln zu vermeiden und im Alltag den Drang zum Nörgeln zu kontrollieren. Andererseits ist es besser, den Ärger auszusprechen und sich dadurch erleichtert zu fühlen, als ihn in sich hineinzufressen.

Wenn man also unbedingt etwas auszusetzen hat, dann sollte man nicht verhalten und melancholisch vor sich hin grummeln, sondern es besser deutlich und mit lauter Stimme aussprechen. Sobald man den Ärger einmal ausgesprochen hat, sollte man ihn sofort vergessen. Es ist auch gut, wenn man über seine Sorgen lachen kann.

Es ist wichtig, die Stimmung abrupt zu wechseln (buddhistische Technik).

Sollte man nun diese Geisteshaltungen anstreben, aber man schafft es nicht, so hilft es bereits, wenn man zunächst einmal nur so tut, als ob. Diese Technik beruht auf der Wechselwirkung von Innerem und Äußerem. Wie wir gesehen haben, formen unsere Einstellungen unsere Umgebung. Genauso aber können das Äußere, unsere Handlungen und unsere Umgebung, auf uns zurückwirken.

Wenn zum Beispiel das Gefühl der Dankbarkeit nicht so recht aufkommen mag, kann man ruhig etwas übertreiben und ausprobieren – selbst wenn es nur gespielt und eine Floskel ist: »Danke schön, haben Sie Dank« oder Ähnliches zu sagen und dabei zu lächeln. Auch wenn man keine rechte Lust hat, zu anderen Menschen freundlich zu sein, kann man sich zusammenreißen: »Nur dieses eine Mal.« Hat man das ein paar Mal gemacht, wird es immer einfacher, denn diese Freundlichkeit wirkt sich nicht nur positiv für den anderen aus, auch man selbst fühlt sich besser.

Während man so tut, als ob, verändern sich der Charakter und die Handlungen entsprechend, mit der Zeit passen sich die Schwingungen des Geistes diesem »Theater« an und ziehen damit gute Ereignisse an.

Oft geschieht es in Firmen, dass Menschen befördert werden, die sich immer dachten: »Ich werde niemals Abteilungsleiter werden«, doch sobald sie befördert wurden, verwandeln sie sich in ihren Fähigkeiten und dem Äußeren in einen echten Abteilungsleiter. Die Position und das Umfeld haben einen starken Einfluss.

Wenn Sie also reich werden wollen, müssen Sie sich wie ein Reicher benehmen.

Wenn Sie Fähigkeiten besitzen, sie aber nicht ausleben, sollten Sie voller Selbstvertrauen zu handeln versuchen. Die Wirkung solcher Handlungen ist größer, als wir vermuten. Wenn man sich, seine Fähigkeiten und Talente ständig versteckt, wird man frustriert.

Damit will ich nicht empfehlen, dass man nur am Äußeren arbeitet. Während man so tut, als ob, wirkt es tatsächlich so, dass sich alles, vom Gesichtsausdruck bis hin zum Gefühl, den Handlungen anpasst und man schließlich die echten Schwingungen ausstrahlen kann.

Das »so tun, als ob« ist nur der erste Schritt auf dem Weg, um zu dem zu werden, was wir uns wünschen, denn unsere Bestimmung ist es nicht, uns selbst zu begrenzen, sondern zu wachsen.

Beginnen Sie also ruhig mit einem »als ob« und versuchen Sie die richtige Einstellung des Geistes in Ihren Alltag zu integrieren. Sie können auch sich selbst den kraftvollen Gedanken »Ich bin ein Mensch mit tiefen Gefühlen der Dankbarkeit geworden« schicken. Davon wird die immens starke Macht der unerschöpflichen Kraft des Universums angezogen werden und so sollte jeder die richtige Einstellung des Geistes verwirklichen können.

Atmen ist nicht gleich Atmen

Die Rolle der Zellen im Alterungsprozess

Die meisten Menschen in dem Altersheim, in dem ich wohne, haben sich aus ihrem Berufsleben zurückgezogen und alle haben zwei Wünsche gemeinsam:
Der erste ist, dass sie niemals lange mit Schmerzen bettlägerig werden mögen. Der zweite ist, dass sie friedlich sterben mögen. Dies sind die traurigen Wünsche alter Menschen für ihren Lebensabend.
»Wenn ich einfach plötzlich gehen könnte, würde ich gerne morgen schon sterben«, sagen manche. Deshalb hat auch niemand Mitleid mit denjenigen, die ohne lange Krankheit und ohne der Umgebung zur Last zu fallen, ohne lange Todesqualen, still und leise ins Jenseits hinübergleiten. »Ach, ich beneide ihn. So möchte ich auch sterben«, hört man. So fühlen sich heutzutage die alten Menschen in ihren letzten Lebensjahren.
Japan ist derzeit das Land mit der höchsten Lebenserwartung der Welt. Dazu kann ich nur gratulieren, aber andererseits werden die alten Menschen als Last behandelt. Oft spricht man über die hohe Lebenserwartung und das hohe Alter, als ob es ein Minuspunkt für die Gesellschaft sei. Zum Beispiel gibt es ständig Gerede über verschiedene Probleme wie beispielsweise, dass es, da der Anteil der Älteren an der Bevölkerung weiter steigt, immer schwieriger wird, die bettlägerigen Alten zu pflegen, oder dass das Rentensystem zusammenbricht. Die Medien sind voll von solchen Meldungen:»Wenn die Zahl der Alten weiterhin steigt, bricht das Rentensystem zusammen. Die Familien, in denen geistig verwirrte und bettlägerige Alte gepflegt

werden, kommen mit der Erschöpfung und dem Drama nicht mehr zurecht.«

Deshalb gibt es auch viele alte Menschen, die beschämt bei sich denken: »Bin ich vielleicht eine Last für die Gesellschaft und meine Familie? Dann will ich nicht lange leben«, seufzen nicht wenige Opas und Omas.

Wir empfinden es als Glück, wenn wir im Alter selbst für uns sorgen können. Die Voraussetzung dafür ist, dass wir weitgehend selbstständig bleiben. Müssen wir uns bei der Erfüllung unserer wesentlichsten Bedürfnisse auf andere Menschen verlassen, degenerieren die Funktionen des Gehirns und des Körpers gleichermaßen, und wenn wir nicht mehr ohne die Pflege durch andere leben können, verlieren wir außerdem unsere Würde.

Selbst wenn manche, sogar unter solch schwierigen Umständen, sehr alt werden, so werden sie doch keineswegs glücklich. Darum lässt nicht die Sehnsucht nach dem Tod, sondern viel mehr die Angst, dass sie geistig verwirrt und bettlägerig werden könnten, also die Selbstständigkeit und Menschenwürde verlieren würden, die alten Menschen äußern: »Ich möchte plötzlich sterben.«

Für einen alten Menschen bedeutet es Glück, wenn er geistig und körperlich gesund ist, wenn er seine Angelegenheiten ohne Hilfe anderer regeln kann. Glück misst sich daran, inwieweit ihm dies gelingt. Das heißt selbstständig und vital ein sinnvolles Leben führen. Das ist die größte Freude eines alten Menschen. Nicht als Objekt der Sozialhilfe und der Pflege, sondern alleine, als selbstständiger Mensch täglich aktiv leben – das ist der größte Wunsch, den wir Alten hegen.

Das käme auch der Gesellschaft zugute, denn wenn es immer mehr solche selbstständigen Alten gäbe, würde es weniger Pflegebedürftige geben. Auch die Rentenkasse und die Versicherungen würden entlastet. Außerdem würden die Alten

nicht nur für sich selbst sorgen, sondern könnten einen gesell-
schaftlichen Beitrag leisten, wenn sie zum Beispiel arbeiten
oder im Sozialwesen helfen könnten (zum Beispiel, wenn
die Alten die Altenpflege übernähmen). Auf diese Weise
würden sie Erfüllung und die Freude an der Arbeit spüren,
und ihr Lebensglück würde sich noch einmal steigern.
Ein echtes Paradies für die alten Menschen kann verwirklicht werden, wenn mehr als die Hälfte der älteren Bevölkerung aus derartig selbstständigen Alten besteht.

Gibt es eine Methode, um die Anzahl an solchen selbstständigen Alten in der Gesellschaft zu erhöhen? Ich kann
behaupten, dass ich selbst ein lebender Beweis für die *schöpferische Kraft der Gedanken und der richtigen Atmung* als ein
wirksames Mittel dafür bin.
Ich erhalte mir auch mit jetzt 96 Jahren die Vitalität und
den Gesundheitszustand eines 60-Jährigen: Natürlich kann
ich selbst essen und zur Toilette gehen, und ich habe keinerlei körperliche Behinderungen. Ich habe immer noch die
Blutdruckwerte eines Mannes in den besten Jahren, meine
eigenen Zähne, und auch wenn meine Geschicklichkeit im
Golf etwas nachgelassen hat, kann ich noch immer mit den
jungen Leuten zusammen spielen. Mein Gedächtnis und
die Regsamkeit meines Verstandes sind auch noch ganz in
Ordnung. Ganz sicher kann ich noch mindestens bis zum
Alter von hundert Jahren als munterer, selbstständiger Alter
meine Gesundheit und mein Leben erhalten.
All das verdanke ich der Tatsache, dass ich die *schöpferische
Kraft der Gedanken und der richtigen Atmung* praktiziere.
Das verleiht den alten Menschen nicht nur einen gesunden Körper und Geist, sondern einen Sinn und ein Gefühl
der Erfüllung im Leben, ist also eine Gesundheitspraktik,
die auch als Maßnahme für eine alternde Gesellschaft effi-
zient wäre.

Die *Methode* basiert darauf, dass man seinen ganzen Körper mit Sauerstoff anfüllt, also »das Universum tief einatmet«. Durch die Bauchatmung holt man den Sauerstoff und die Lebensenergie bis ins tiefste Innere des Körpers, alle Zellen werden aktiviert, dadurch werden das Immunsystem und die natürliche Heilkraft unterstützt und der Gesundheitszustand verbessert sich.

Der menschliche Körper regeneriert sich fortwährend mit hoher Geschwindigkeit. Ständig werden Zellen alt und sterben ab und in gleichem Maße entstehen ständig neue. Je länger das Leben einer einzelnen Zelle ist, desto länger lebt der ganze Körper. Und wenn jede einzelne dieser Zellen hundertprozentig funktioniert, befindet sich auch der Körper im Gesamten in einem ausgezeichneten Zustand.

Das heißt, die Gesundheit der Zellen entspricht der Gesundheit des ganzen Körpers. Die Ursache aller Krankheiten liegt, so gesehen, in der unvollkommenen Funktion der Zellen und der verringerten Widerstandskraft.

Auf der materiellen Ebene ist die Substanz, die die Zellen gesund erhält, der Sauerstoff. Sauerstoff ist die allerwichtigste Nahrung für die Funktion der Zellen. Wie groß der Einfluss des Sauerstoffes auf unsere Gesundheit ist, kann man daraus ablesen, dass der Mensch wochenlang ohne Nahrung und mindestens drei Tage ohne Wasser überleben kann, aber wenn der Atem auch nur fünf Minuten still steht, stirbt er. Der Sauerstoff ist die Quelle unserer Lebenskraft. Die beste Methode, diesen Sauerstoff intensiv aufzunehmen, ist die von mir kreierte *Methode* des richtigen Atmens.

Dies ist eine besondere Atemtechnik, mit der jeder Mensch ganz einfach mit größter Effizienz Sauerstoff aufnehmen kann. Die Menge des damit aufgenommenen Sauerstoffes beträgt mehr als fünf Mal soviel wie bei der normalen Atmung, und durch die Füllung der Lungen bis in die Spitzen mit Sauerstoff kann man, bildlich gesprochen, das Fassungs-

97

vermögen eines normalen Kleinwagens in dasjenige einer Limousine der höchsten Klasse verwandeln. Es ist also eine unvergleichliche Gesundheitspraktik, bei der man, durch das tiefe Einatmen die unerschöpflichen Kraft des Universums aufnimmt, seinen Körper damit erfüllt und dadurch von allen Krankheiten verschont bleibt.

Die Sauerstoffkapazität

Als ich 74 Jahre alt war habe ich an einer, von einem renommierten Zeitungsverlag veranstalteten Trekking-Tour am Mount Everest teilgenommen. Ursprünglich war ich bei meiner Bewerbung wegen meines hohen Alters abgelehnt worden, weil bei der Tour im Jahr zuvor alle Teilnehmer höhenkrank geworden waren. Außerdem hatten die Organisatoren Angst, ich würde es körperlich nicht durchhalten. Mit Hilfe der *Methode*, indem ich mir vorstellte, wie ich mit den anderen Teilnehmern zusammen das Flugzeug bestieg, erhielt ich dann doch die Erlaubnis an dieser Reise zum Mount Everest teilzunehmen, die schon lange Jahre mein Traum gewesen war.

Die sechzehn Teilnehmer der Expedition landeten in Katmandu, der Hauptstadt Nepals. Von dort wurden wir mit einer kleinen Chartermaschine zu unserer Ausgangsbasis geflogen, und der sich vor dem Fenster dieses Flugzeuges entfaltende Blick war so wunderbar, dass ich ihn noch heute frisch in Erinnerung habe.

Vor meiner Abreise war ich verschiedentlich gewarnt worden: Ich sollte ab der Landung am Flughafen nur das Nötigste sprechen und mich möglichst wenig bewegen. Der Flughafen lag auf einer Höhe von 3800 Metern und man sollte in dieser dünnen Luft den Sauerstoffverbrauch des Körpers so gering wie möglich halten und dem Körper Zeit geben, sich an die sauerstoffarme Umgebung zu gewöhnen. So schützt man sich am besten vor der Höhenkrankheit.

Als die Maschine gelandet war, waren zwei Teilnehmer bereits von der Höhenkrankheit befallen.

Der Pilot bestimmte brüsk: »Ich werde sie gleich wieder nach Katmandu zurückbringen. Ich möchte auf dem Heimflug keine Leichen einladen.« Vorher hatte er erklärt, dass Menschen des Öfteren sogar an der Höhenkrankheit sterben, wenn sie sich nicht schnell genug an die sauerstoffarme Umgebung gewöhnen können, und dann muss er die Leichen herunterholen. Als wir am Hotel ankamen, hatte die Anzahl derjenigen, die über Symptome der Höhenkrankheit klagten, rapide zugenommen.

Am nächsten Morgen blickte ich aus dem Fenster zu den majestätischen Gestalten der Everest-Gebirgskette hinauf. Es war noch viel ehrfurchtgebietender, als ich es mir vorgestellt hatte. Tränen füllten meine Augen, ich fühlte mich wie an das Herz Gottes gedrückt. Ich schloss die Augen und dankte der unerschöpflichen Kraft des Universums, welche diese riesige Natur geschaffen hat, dafür, dass ich dies erleben durfte.

Beim Frühstück im Speisesaal zeigten sich einige der Teilnehmer nicht und die Anwesenden klagten über Probleme wie Kopfschmerzen. Alle waren von der Höhenkrankheit befallen. Es gab nur eine einzige Ausnahme: Das war ich, der 74-Jährige, der Alte. Ich hatte überhaupt keine Symptome und lief munter umher, um zu fotografieren oder die kränkelnden Teilnehmer zu versorgen. Ich hielt mich nicht an die Ratschläge, Sauerstoff zu sparen. Obwohl ich wenig geschlafen hatte, war mein Körper bis in den letzten Winkel hinein mit Lebenskraft erfüllt und frisch.

Nach einem Ruhetag ließen wir diejenigen zurück, denen es ganz schlecht ging, und machten uns auf die Trekking-

Tour. Ich genoss die angenehme Bergwanderung und bewegte mich leicht und munter. Letztendlich hatte nur der Alte die Everestreise überstanden, ohne dass er von Höhenkrankheit befallen worden wäre.

Mit Ausnahme von mir waren die Teilnehmer höchstens 52 Jahre alt, hauptsächlich zwischen zwanzig und dreißig. Ich war der einzige Alte und hatte mich auch weder auf dem Flug noch danach geschont, sondern sogar mehr Sauerstoff verbraucht als die anderen. Warum war ich wohl trotzdem der einzige Gesunde?

Ganz einfach: Durch die tägliche Übung der schöpferischen Kraft der Gedanken und der richtigen Atmung war die Speicherkapazität meines Körpers für Sauerstoff besser als diejenige eines normalen Menschen geworden. Die Fähigkeit Sauerstoff im Körper, ins Blut und in die Zellen aufzunehmen, und das Atemvolumen, beides war bei mir größer als bei anderen, so dass ich mehr in meinem Körper aufnahm, als ich verbrauchte.

Wir Teilnehmer hatten ja alle keine Möglichkeit, uns langsam an die veränderten Sauerstoffverhältnisse anzupassen, wir wurden mit dem Flugzeug zum Hotel auf 3800 Meter Höhe befördert.

Natürlich war auch ich in diesem Flugzeug, aber ich habe auch dort die *Methode* eingesetzt. Außerdem habe ich selbst während eines lebhaften Gespräches auf dem Flughafen darauf geachtet, dass ich möglichst tief atmete. Zusätzlich zu meiner gesteigerten Fähigkeit, Sauerstoff zu speichern, war ich ständig darum bemüht, meinen Körper kräftig mit Sauerstoff zu versorgen. Das war so, als ob ich als Einziger in diesem hochgelegenen Gebiet mit seiner dünnen Luft eine unsichtbare Sauerstoffflasche auf dem Rücken getragen hätte.

Jeder Mensch atmet – das stimmt zwar, aber ich bin der Meinung, dass wir bei diesem Atmen nicht wirklich »Luft holen«.

100

Die Atmung des modernen Menschen ist sehr flach und oberflächlich. Alle leiden unter einem chronischen Sauerstoffmangel. Mit tiefen Atemzügen kann man genügend Sauerstoff aufnehmen.

Versuchen Sie doch einmal probeweise, tief einzuatmen. Egal, wie Sie das machen, Sie werden fühlen, wie sehr sich die Menge des aufgenommenen Sauerstoffes von derjenigen bei normaler Atmung unterscheidet.

Das bedeutet, dass wir bei der normalen Atmung relativ wenig Sauerstoff aufnehmen, es reicht gerade dafür, das Leben aufrechtzuerhalten, doch kann man damit schwerlich den Körper aktiv heilen. Deshalb spricht man so oft von der großen Bedeutung der Tiefenatmung.

Beim normalen Atmen, auch wenn man glaubt, tief zu atmen, kommt noch keine gesunde, echte »große Atmung« zustande, weil man die Lungen nicht bis in die Spitzen füllt.

Die Lunge hat die Form einer Tempelglocke: oben ist sie eng und unten ist sie wie eine weite Tasche geformt. Deshalb kann die Lunge erst, wenn sie bis ganz unten mit Luft angefüllt ist, ihre Aufgabe der Sauerstoffaufnahme und der Versorgung des Körpers mit Sauerstoff richtig erfüllen.

Bei normaler Brustatmung und dem normalen »tief atmen« aber wird nur der obere Teil der Lunge gefüllt, und kaum jemand schafft es, bis in die tiefsten Tiefen seiner Lunge hineinzuatmen. Und wenn man versucht, bewusst tief zu atmen, heben und senken sich oft nur die Schultern, so dass es zu einer Atmung »mit den Schultern« kommt, und die Luft gelangt immer noch nicht bis in die Tiefen der Lunge. Mit meiner *Methode* gelangt sie jedoch bis in die Tiefen der Lunge.

Der Trick, um den Atem bis in die Tiefen der Lunge zu saugen, liegt in der Senkung des Zwerchfelles. Und wie senkt man das Zwerchfell? Sie wissen doch, dass sich das Hara-Zentrum etwa drei Zentimeter unter dem Nabel befindet, es wird als der Sitz von Wille und Kraft bezeichnet. Es liegt allerdings nicht an der Körperoberfläche, sondern in etwa zwischen der Bauchdecke und dem Rücken.

Man sammelt sein Bewusstsein in diesem Teil des Körpers und atmet in diesen Punkt hinein, indem man sich darauf konzentriert. Dadurch senkt sich automatisch das Zwerchfell und man kann die Lunge bis in die Tiefen mit Luft füllen.

Bei dieser Technik wird die Lungenkapazität voll ausgeschöpft, es wird viel Sauerstoff in den Körper aufgenommen und man kann auch genügend Kohlendioxid ausatmen. Durch das wiederholte tiefe Atmen wird der Körper mit dem, für die Verwirklichung der Gesundheit enorm wichtigen Sauerstoff versorgt. So kann man den ganzen Körper gesund und den Geist wach erhalten und vor Vitalität sprühen.

Es gibt einen weiteren Vorteil bei dieser Form der Atmung: Sie aktiviert die Funktionen der Blutgefäße im Darm und ihren Fluss.

Im Bauch des Menschen befinden sich die Därme, die von vielen Blutgefäßen umgeben sind. In diesem Bereich kommt es leicht zu Stauungen des Blutes. Wenn das Blut nicht gut fließt, wird es schwierig, den Sauerstoff und die Nährstoffe, die im Blut enthalten sind, im Körper zu verteilen.

Wird allerdings durch das richtige Atmen die Lunge bis in die Tiefen mit Luft angefüllt, so dehnen sich die Lungenflügel aus und das Zwerchfell senkt sich. Dadurch erhöht sich der Druck im Bauchraum, die Därme werden rhythmisch massiert und das sich stauende Blut wird in Bewegung gebracht.

Funktioniert nun der Fluss des Blutes reibungslos, so funktioniert auch der Transport des Sauerstoffes und all der vielen Nährstoffe aus dem Darm, wie Eiweiße, Kohlenhydrate, Vitamine reibungslos und die Zellen werden mit genügend Sauerstoff und Nährstoffen versorgt.

Beim Praktizieren der *Methode* betone ich immer die Wichtigkeit der aufrechten Haltung, aufrecht aber nicht angespannt, da bei einer gebeugten Haltung nicht genug Raum vorhanden ist für einen tiefen Atemzug. Die Atmung wirkt sich allerdings umgekehrt auch auf die Haltung des Rückens aus und kann, wie wir am folgenden Beispiel sehen, sogar chronische Rückenschmerzen kurieren.

Neulich habe ich von jemandem, der in Kagoshima lebt, ein Dankesschreiben erhalten. Es handelte sich um einen 52-jährigen Mann, der schon seit zwanzig Jahren chronisch an Rückenschmerzen litt. Genauso wie ich früher, hat er von elektrischer Stimulanz über warme Bäder und Massagen bis hin zur Chiropraktik, alles was man als gut anpries ausprobiert, aber die Symptome wurden kein bisschen gelindert. Vor kurzem begannen sich die Schmerzen auch auf die Außenseite des linken Oberschenkels (Ischias) auszudehnen, er bekam Schwierigkeiten mit dem Gehen und morgens beim Aufstehen war er ganz steif, so dass er Mühe hatte, sich zu erheben. Auch in die Hose zu schlüpfen, wurde zu einer schwierigen Angelegenheit, und selbst wenn er sich das Gesicht wusch, meldeten sich sofort die Rückenschmerzen.

Von einer Bekannten bekam er mein Buch und als er es gelesen hatte, probierte er vor dem Schlafengehen die *Methode* aus, obwohl er nicht so recht daran glaubte, dass er damit wirklich geheilt werden könne. Bereits am nächsten Morgen waren die Schmerzen im Rücken schwächer geworden, und an jenem Tag hatte er nicht ein einziges Mal Schmerzen im Bein.

Seitdem ist ungefähr ein Monat vergangen, und obwohl er sich im Rücken noch etwas steif fühlt, sind die Schmerzen ganz und gar verschwunden. Er hat auch keine Schwierigkeiten mehr, längere Zeit in derselben Haltung zu verharren. Er kann selbstständig aufstehen und sich ohne jede Einschränkung frei bewegen. Außerdem hat sich sein Hang zur

Niedergeschlagenheit in eine Fröhlichkeit gewandelt und er kann wieder täglich voller Mut leben. Das erzählte er mir in seinem Brief.

Ich entnehme diesem Brief, dass dieser Mann »die schöpferische Kraft der Gedanken« beiseite ließ, und nur mit der »richtigen Atmung« körperliche Gesundheit erlangt hat. Natürlich ist auch das in Ordnung und zeigt, wie wirksam es bereits sein kann, mit der tiefen Atmung Sauerstoff und Lebensenergie aufzunehmen.

Als ich in meiner Studentenzeit einmal vom Pferd fiel und mir dabei die Wirbelsäule anbrach, wurde auch ich eine Weile von schrecklichen Rückenschmerzen geplagt. Seitdem habe ich bewusst die aufrechte Haltung in die Bauchatmung integriert.

Die Energie einatmen

Im Einklang mit dem Universum

Die *Methode* hat, neben diesen rein körperlichen, physiologischen Auswirkungen noch viel tiefer reichende Wirkungen. Eine Besonderheit bei der schöpferischen Kraft der Gedanken und der richtigen Atmung ist nämlich, dass man das Universum tief einatmet. Es geht nicht nur um den Sauerstoff – die Luft, die wir einatmen, ist erfüllt mit Prana, Chi, Ki, der unerschöpflichen Kraft des Universums. Indem wir diese verstärkt aufnehmen und auf unser Ziel hin ausrichten, wird es möglich, nicht nur körperliche Gesundheit, sondern auch seelische und geistige Gesundheit und unsere Wünsche zu verwirklichen.

Der menschliche Körper ist eine verkleinerte Ausgabe des Universums. Der Körper des Menschen wurde als getreue Miniaturausgabe des riesigen Universums geschaffen. Das ist keine Metapher. Ich glaube, dass die Grundbausteine, aus denen das Universum besteht, genau die gleichen sind, wie diejenigen, aus denen der Mensch besteht. Das ist zwar nicht mehr als eine Hypothese, aber ich nenne es »die drei Prinzipien«:

1. Im Universum existiert eine unerschöpfliche Kraft. Dies ist die Kraft des Universums.
2. Im Universum existiert eine unendliche Weisheit. Das ist die Weisheit des Universums.
3. Das Universum ist erfüllt von extrem kleinen Teilchen, aus denen alle Elemente bestehen. Das sind die Quarks.

Das sind die drei Prinzipien des Universums. Die Weisheit des Universums bediente sich der Kraft des Universums und erschuf mit dem Material der Quarks das ganze Universum. Das ist meine Hypothese. Was ich in diesem Buch als die unerschöpfliche Kraft des Universums bezeichne, ist ein Zusammenschluss dieser drei Prinzipien, bezieht sich also nicht allein auf die unter 1. genannte Energie, welche alle Dinge hervorbringt. Die unendliche Weisheit, die Kraft und das Material – diese drei Aspekte zusammen bilden die »unerschöpfliche Kraft des Universums«.

Die Struktur und die Funktionen des menschlichen Körpers bilden die Prinzipien des Universums nach: Man kann auch sagen, dass der Teil das Ganze widerspiegelt. Trotz neuester naturwissenschaftlicher und medizinischer Forschungen geben Struktur und Funktionen des menschlichen Körpers uns weiterhin Rätsel auf. Ein Beispiel wäre die Rolle der Hormone. Da der Körper als Miniaturausgabe des Universums geschaffen wurde, sind seine Funktionen ähnlich komplex.

Durch das tiefe Einatmen bringt die *Methode* diese drei Prinzipien des Universums, also die schöpferische Kraft des Universums, in den Körper. Dadurch funktionieren die Weisheit und die Kraft des Universums als Mittel, um unseren Körper mit dem Universum in Einklang zu bringen. Auf diese Weise wird ein gesunder Mensch noch gesünder und ein geschwächter und schwächer werdender Mensch gelangt zurück in einen normalen Zustand. Die natürliche Heilkraft wird wieder in Bewegung gesetzt und verstärkt.

Die Gesundheit des Menschen – damit ist nicht allein die körperliche Gesundheit gemeint. Wir halten Menschen, die andere betrügen oder mit Absicht verletzen, nicht für gesund.

Wenn der Geist verkrüppelt ist, selbst wenn der Körper in Ordnung ist, ist das keine Gesundheit. Das erkennen wir fast instinktiv. Wahre Gesundheit wird erst erreicht, wenn alle drei Aspekte: Körper, Geist und Seele gesund sind.

Die *Methode* ist etwas anderes als eine einfache Atemtechnik. Es ist eine Technik, bei der das Universum eingeatmet und Körper, Geist und Seele mit ihm in Einklang gebracht werden. Die drei kann man nicht einzeln betrachten, sie müssen miteinander verbunden werden, erst aus ihrem Zusammenspiel entsteht die wahre Gesundheit.

Alter und Tod

Synchronisierung des Körpers, der Miniaturausgabe des Kosmos, mit den Prinzipien des großen Universums – das ist die Technik, mit der wir unsere Gesundheit und seelische Kraft steigern können. Allerdings bin ich nicht sofort auf den Einsatz der Kraft des Universums gekommen. Ich habe verschiedene Gesundheitspraktiken und Atemtechniken ausprobiert und wirklich viel Zeit und Energie investiert. Nach ungezählten Versuchen und Fehlschlägen hat sich schließlich die jetzige *Methode* der *schöpferischen Kraft der Gedanken und der richtigen Atmung* herauskristallisiert. Ich wurde mit einem extrem kränklichen und schwachen Körper in diese Welt geboren. Meine Mutter hatte, als sie mit mir schwanger war, starke Beschwerden und sie konnte damals nur Datteln essen. Entsprechend war das Neugebo-

rene dann »ein Klumpen von runzliger Haut und Knochen«.
Dieses Kind wird es wohl kaum schaffen – darin waren sich
alle einig, die mich gesehen hatten. Meine Mutter hatte
außerdem wenig Milch, nach der Entbindung hing auch ihr
Leben an einem seidenen Faden. Irgendwie gelang es ihr
doch, mich durchzubringen, aber in meiner Kindheit und
Jugend war ich permanent krank; Krankheit und Schwäche
waren mein angeborenes Schicksal.

Darum war mein »Hunger« nach Gesundheit zwei- bis drei-
mal so stark wie der anderer Menschen, und schon in meiner
Kindheit probierte ich alles aus, von dem es hieß, es sei für
den Körper gut. Dieses heftige Verlangen nach Gesundheit
war auch die Ursache für meinen Wunsch, Arzt zu werden
und als vierzehnjähriger begegnete ich im ersten Jahr auf der
Mittelschule dem »Sauerstoff«, das heißt, der Atemtechnik
als Gesundheitspraktik.

Mein Lehrer dort lehrte mich die Bauchatmung nach Nikki,
die von Dr. Nikki Kensan propagiert wurde. Durch die Ausübung dieser Bauchatmungsmethode wurde ich zusehends
gesünder. Ich konnte die Krankheit zwar nicht vollständig überwinden, aber ich konnte es selbst fühlen, wie mein
Körper immer kräftiger wurde, vielleicht weil er sich verändert hatte. Aus dem Erfolg meiner Übung erkannte ich, wie
wichtig Atmung und Sauerstoff für die Gesundheit sind. In
der Folgezeit stellte ich mir verschiedene Atemtechniken
zusammen und probierte alle aus, doch die Atemtechnik
nach Nikki legte den Grundstein für die Entwicklung meiner
Methode. Die Begegnung mit dieser Bauchatmung war ein
wichtiges Ereignis, das mein Schicksal bestimmen sollte.

Danach verband mich mit jenem Mittelschullehrer eine
enge Freundschaft.

Ich bekam zwar noch schwere Krankheiten, wie Tuberkulose
und Zwerchfellentzündung, die ich aber mit der Atemtechnik
und der Kraft der Vorstellung heilte. Anders ausgedrückt: Ich

hatte immer wieder Gelegenheiten, meine Technik in der Praxis, im Selbstversuch, zu überprüfen und weiter zu entwickeln. Ich glaube nicht, dass das Glück eines Menschen in der Verwirklichung vollständiger Freiheit liegt. Viel eher liegt das echte Glück eines Menschen darin, dass er unter den beschränkten Umständen und durch das ihm gegebene Schicksal seine eigene Rolle entdeckt.

Als ich sechzig Jahre alt war, wurde ich mir der unerschöpflichen Kraft des Universums bewusst und gewann die Überzeugung, dass die Struktur unseres Körpers auf denselben Prinzipien beruht wie die des Universums. Diese Erkenntnisse wandte ich praktisch an, indem ich sie mit der Atemtechnik verband und in diese integrierte. Somit konnte ich nicht nur körperliche Gesundheit erlangen, sondern auch Gesundheit an Seele und Geist verwirklichen.

Ich glaube auch, dass man sich durch die *schöpferische Kraft der Gedanken und der richtigen Atmung* vor neunzig Prozent der Symptome von Senilität schützen kann. Vorher schrieb ich, dass es der Wunsch der alten Leute sei, plötzlich zu sterben. Das heißt nicht, dass sie möglichst bald sterben möchten, dahinter steht vielmehr der Gedanke, dass sie nicht derart senil werden möchten, dass sie nicht einmal mehr ihre körperlichen Bedürfnisse selbst befriedigen können und somit ihrer Familie und ihrer Umgebung zur Last fallen.

Der Zustand des Gehirns ist ein wesentlicher Faktor, der darüber bestimmt, wie rüstig und selbstständig ein älterer Mensch ist. Gehirnzellen sterben – wie bereits erwähnt – mit unglaublicher Geschwindigkeit ab und können nicht wiederbelebt werden. Ihr Leben ist kurz und es gibt keinen Ersatz. Außerdem wird in diesen Zellen besonders viel Sauerstoff gebraucht. Es heißt, dass der Sauerstoffverbrauch allein der Gehirnzellen pro Tag 120 Liter beträgt, das sind etwa zwanzig Prozent des gesamten Sauerstoffverbrauches des Menschen, das heißt, eine Gehirnzelle braucht etwa sieben Mal mehr Sauerstoff als eine andere Zelle.

Daher ist auch verständlich, dass sich die Höhenkrankheit zunächst mit Symptomen wie Kopfschmerzen und Denkstörungen und anderen Störungen des Gehirnes zeigt – der Sauerstoffmangel wirkt sich zuerst auf die Gehirnfunktionen aus. Indem man die Gehirnzellen mit genügend Sauerstoff versorgt, steigert man seine Widerstandskraft und kann die Lebensdauer der einzelnen Zellen verlängern. Des Weiteren ist es möglich, die Geschwindigkeit, mit der die Gehirnzellen abnehmen und die Gehirnfunktionen nachlassen, zu verlangsamen. Man kann sogar diese, durch chronischen Sauerstoffmangel nur zu dreißig Prozent aktivierten Fähigkeiten, auf hundert Prozent steigern und voll einsetzen. Man kann also einen alten Klepper in ein schnelles Pferd verwandeln.

Durch die *Methode* wird der Körper mit Sauerstoff und *Ki, der unerschöpflichen Kraft des Universums* erfüllt, man kann sich dadurch vor dem Altern des Gehirns und Senilität schützen oder die Gesundheit des Gehirns auf dem Stand eines jungen Menschen halten. Es ist ziemlich schwierig, Menschen, die bereits an einer ernsthaften Demenz leiden, wieder auf den Weg der Genesung zu führen. Aber es ist zu mehr als neunzig Prozent möglich, die Geschwindigkeit des Alterungsprozesses zu verlangsamen und sich ein Gehirn, das »nicht senil wird« zu erhalten.

Über den Erhalt des Status quo hinaus ist es möglich, Gedächtnis und geistige Funktionen zu verjüngen. Ich habe ab dem sechzigsten Lebensjahr damit begonnen und viele sind meinem Beispiel gefolgt. Die *Methode* kann man also als eine, für alte Leute überaus sanfte Gesundheitspraktik bezeichnen, mit der es nicht nur möglich ist, sich vor dem Altern zu schützen, sondern bis zu einem gewissen Grad Symptome von Senilität zu heilen.

Der zweite Wunsch alter Menschen war der, nach einem raschen, sanften Tod. In Japan heißt es, dass der Mensch nur so sterben kann, wie er gelebt hat. Normalerweise kann niemand so »gesund« sterben, wie ein Mensch, der seine Gesundheit aufrechterhält. Ein gesundes Leben zu führen, ist eine notwendige Bedingung, um einen sanften Tod zu sterben.

Die Gesundheit des Menschen ist nichts anderes als die Gesundheit der Zellen, aus denen er besteht. Sind die Zellen gesund und erfüllen ihre Lebensspanne, so kann auch der Mensch fröhlich sein Leben bis zum Ende der natürlichen Lebensspanne erleben. Dadurch, dass wir mit der schöpferischen Kraft der Gedanken und dem richtigen Atmen unseren Körper beleben und die Lebenskraft der Zellen bewahren, erhalten wir uns unsere Gesundheit bis zu dem Moment, in dem wir sterben, und so lange können wir auch voller Lebenskraft sein.

Ohne senil und bettlägerig zu werden, ohne die Leiden zu spüren, in Frieden sich auf die Reise ins Jenseits machen: Das habe ich als den inständigen Wunsch der alten Leute in ihren letzten Lebensjahren bezeichnet, und dafür muss man während des Lebens reichlich Sauerstoff und Ki in den Körper aufnehmen und sich einen gesunden Körper erhalten. »Wer richtig gelebt hat, dem wird auch ein guter Tod beschert.« Der Mensch ist so geschaffen, dass derjenige, der die Pflege des von Gott (der unerschöpflichen Kraft des Universums) geschaffenen Körpers nicht vernachlässigt, ganz in Frieden dahinscheiden kann.

Bevor ein Mensch stirbt, schütten die Gehirnzellen vermehrt ein Hormon, das Beta-Endorphin aus. Viele von Ihnen wissen, dass dieses Hormon, ein Neuropeptid, das auch als »Glückshormon« bezeichnet wird, ähnlich wie ein Opiat wirkt, es beruhigt und lindert den Schmerz. Es wird auch ausgeschüttet, wenn man sich verletzt hat.

Das ist wohl auch eines der, den Lebewesen von Gott (*der unerschöpflichen Kraft des Universums*) verliehenen Selbstschutzsysteme.

Wie schmerzhaft eine Krankheit auch sein mag – durch die Ausschüttung dieses Hormons wird man von den Leiden befreit und fällt in Trance, so dass ein sanfter Tod möglich wird.

Um allerdings in den Genuss der Wirkung dieses Hormons zu kommen, ist eine Bedingung zu erfüllen: Die Gehirnzellen müssen einigermaßen gesund sein. Beta-Endorphin ist ein Hormon der Hypophyse, seine Ausschüttung hängt also vom Zustand dieser Drüse ab.

Dieser Mechanismus ist der gleiche wie bei der Ausschüttung der Verdauungssäfte: Im gesunden Zustand wird im Verdauungstrakt genügend Verdauungssaft ausgeschüttet, um die aufgenommene Nahrung zu verdauen; wird die körperliche Verfassung schwächer oder die Verdauungsorgane krank, so reichen die ausgeschütteten Verdauungssäfte nicht für eine vollständige Verdauung aus.

Sind die Gehirnzellen nicht mehr gesund, reicht die Ausschüttung von Beta-Endorphin nicht mehr aus und der Sterbeprozess kann schmerzhaft werden.

Deshalb liegt das Geheimnis eines gesunden Lebens bis zum Augenblick des Todes in der Erhaltung der Gesundheit der Gehirnzellen durch die *Methode*. Aus meiner Sicht gehört der Tod zum Leben und ich betrachte ihn auch als positiv. Die *Methode* kann es uns ermöglichen, dass wir uns leichten Herzens und voller Freude auf die Reise ins Jenseits machen, sobald es Zeit dafür ist.

Drei Elemente, die die Gehirnfunktion aktivieren
Ich denke, dass für gesunde Gehirnzellen 1. Sauerstoff, 2. Zucker und 3. Eiweiß nötig sind.

Das sind nur Substanzen, die auch für die Bewegung der Muskeln nötig sind, aber warum braucht das Gehirn diese

Nährstoffe, obwohl es im Schädel untergebracht ist und sich nicht einen Millimeter kontrahiert? Außerdem verbrauchen die Gehirnzellen sieben Mal so viel Sauerstoff wie die anderen Zellen. Warum verbraucht die Gehirntätigkeit eine so große Menge an Sauerstoff, Energie und Nährstoffen?

Kommt das daher, dass es das, für das Denken zuständige Organ ist? Denken und Fühlen haben ja nicht einmal eine Form. Also dürften bei diesen formlosen Dingen nicht einmal so viele Bestandteile wie für die Bewegung von Muskeln nötig sein. Wir müssen dabei allerdings bedenken, dass viele Zellen des Gehirns in Hormondrüsen liegen und verschiedene Hormone für die Aufrechterhaltung der Organfunktionen im ganzen Körper produzieren und ausschütten.

Hormone sind kompliziert wirkende und komplex aufgebaute, chemische Verbindungen, welche die Funktionen der Organe steuern. Da das Gehirn diese Substanzen produziert, braucht es eine große Menge an Sauerstoff und Energie. Der hohe Verbrauch an Sauerstoff und Zucker steht somit nicht in Relation zur Bewegung der Gehirnzellen, sondern zur komplexen Funktion. Um die Gehirnfunktion intakt zu erhalten oder zu verbessern, müssen wir dem Körper also die drei Grundbausteine liefern – und wieder ist Sauerstoff der wesentliche Treibstoff. Eine ausreichende Sauerstoffversorgung ist die Grundbedingung, damit die Organe wie Leber und Bauchspeicheldrüse Glukose und Eiweiße herstellen können. Leider sind Leberschäden oder Diabetes in unserer modernen Gesellschaft weit verbreitet.

Atmen wie ein Baby – Eine Atemtechnik in Einheit von Körper und Seele, die wir von den Babies lernen können
Wenn man die Babies genau beobachtet, fällt eines auf: Sie atmen sehr tief. Warum? Weil sie die Bauchatmung einsetzen. Ach so? Alle Neugeborenen atmen ausnahmslos tief in den Bauch!

Beim Heranwachsen verlernen wir dies allmählich, atmen mit dem Brustkorb, manchmal auch mit den Schultern, aber dass wir im allerfrühesten Stadium die Bauchatmung praktizieren, ist sehr bedeutungsvoll.

Das Baby »weiß« ganz instinktiv um die große Bedeutung, welche die Aufnahme der Luft bis tief in den Körper hinein hat. Das Baby besitzt zwar noch nichts von all dem Wissen und den Informationen, die der Mensch erst später lernt und sich aneignet, aber es demonstriert auf einfachste Weise, wie der Körper optimal funktioniert. Zeigt das Baby nicht, da es unbewusst und ohne entsprechende Unterweisung die Bauchatmung praktiziert, dass diese Bauchatmung für den Menschen und für den Organismus die natürlichste und prinzipielle Atemtechnik und damit auch die gesündeste ist?

Die Atemtechnik, die bei meiner *Methode* verwendet wird, nimmt diesen Hinweis der Natur ernst. Man kann sie auch als eine *Methode* bezeichnen, mit der wir Erwachsenen uns die Atemtechnik des Babys, welche das Lebensprinzip des Universums direkt verkörpert, wieder aneignen.

Dadurch, dass wir tief atmen, wie es die Natur des Lebens verlangt, erfüllen wir den Körper mit der Weisheit und der Kraft des Universums, mit der *unerschöpflichen Kraft des Universums*. Auf diese Weise bringen wir uns in Einklang mit dem Universum, so wird die, uns von der Natur gegebene Heilkraft von innen heraus regeneriert und aktiviert.

Das bedeutet, dass diese *Methode* nicht nur eine Gesundheitspraktik ist, die sich darauf beschränkt, Krankheiten zu heilen und uns vor ihnen zu schützen. Es ist auch die Atemtechnik der Weisheit, welche die tief im Inneren des Menschen schlummernde Lebensweisheit erwecken kann. Es ist die Atemtechnik, bei der Körper und Geist gemeinsam die Lebenskraft stärken und auf einer höheren Ebene mit der *unerschöpflichen Kraft des Universums* verbunden werden.

113

Exkurs: Lebendige Nahrung

Bei dieser Gelegenheit möchte ich meine eigenen Essgewohnheiten vorstellen. Ich folge keiner speziellen Ernährungsmethode. Die einzige Besonderheit ist vielleicht, dass ich mich auf ungeschälten Reis konzentriere.

Schon seit meiner Jugend esse ich ungeschälten Reis. Das Gute am ungeschälten Reis ist, dass er selbst Leben beinhaltet. Und das ganze Korn wird gegessen.

Der geschälte und polierte Reis, den wir gewöhnlich essen, ist lediglich ein Rest, der vom ungeschälten Reis übrig bleibt. Da es sich um einen raffinierten Reis handelt, treibt der weiße Reis nicht aus, wenn wir ihn im Garten aussäen. Ungeschälter Reis hingegen würde, unter den richtigen Bedingungen, wie jedes volle Korn austreiben. Im Raffinerieprozess verliert der Reis das Leben.

Ernährungswissenschaftler analysieren die Inhaltsstoffe und sagen, der ungeschälte Reis sei die Schatzkammer der Nahrung, und das stimmt natürlich. Ich glaube allerdings, der wichtigere Aspekt ist, dass der ungeschälte Reis ein lebendiges Nahrungsmittel ist. Es ist einfach so, dass für den Körper lebendige Nahrungsmittel, also solche, die möglichst nahe an der lebendigen Form sind, besser sind als solche, die kein Leben mehr besitzen. Das leuchtet unmittelbar ein, dafür braucht man keine Analysen: Es ist besser, lebendige Dinge ganz und gar zu essen, also den lebendigen Körper mit lebendigen Nahrungsmitteln zu versorgen. So wie der menschliche Körper eine Miniatur des Universums ist, sind die lebendigen Nahrungsmittel auch Miniaturen des menschlichen Körpers. Man kann das Universum, den menschlichen Körper und die Nahrungsmittel, alles als Analogien bezeichnen. Deshalb ist der Verzehr von lebendigen Nahrungsmitteln eine ziemlich logische Gesundheitspraktik, die dem Prinzip des Lebens folgt, das gleichzeitig das Prinzip des Universums ist.

Ungeschälten Reis zu essen, bedeutet alles zu essen. Es ist ein naturbelassenes Nahrungsmittel in seiner vollständigen Form. Es ist keine zerteilte Nahrung wie Fleisch oder in Stücke geschnittener Fisch. Dieser vollständige Verzehr, bei dem keine Abfälle entstehen, ist sehr wichtig für die Gesundheit. Deshalb ist es wichtig, dass man, wenn man zum Beispiel einen Rettich isst, die Blätter nicht wegwirft, sondern alles, von den Blättern bis zur Wurzel isst.

Auch Fische werden nicht in Stücke geschnitten, sondern vom Kopf bis zum Schwanz gegessen. Bis vor einiger Zeit haben die Japaner häufig kleine gekochte und getrocknete Sardellen (niboshi) und andere kleine Fische gegessen. Bei Samennahrung wie Reis, Bohnen, Sesam und Ähnlichem sollte man den Samen als Ganzes essen.

In Japan, wie im gesamten ostasiatischen Raum war die Idee, alles, was in der Natur existiert möglichst ganz und gar zu essen, sehr weit verbreitet. Jetzt aber wird Ostasien von der westlichen Kultur der aufgeschnittenen Fleischstücke dominiert und es ist normal geworden, von allem nur einen Teil zu essen.

Ich glaube, dass das einen großen Einfluss auf die Gesundheit der Japaner ausgeübt hat. Das Essen von einzelnen Teilen ist in der Esskultur des Westens entstanden und selbst wenn es zum Körper der westlichen Menschen passen sollte – für den Körper der Japaner stimmt es gewiss nicht.

Ich glaube, dass der Verzehr von einzelnen Teilen auch dem Denken der westlichen Medizin entspricht, der Reduktion auf die Einzelteile: Der Vorstellung, dass, wenn der Magen krank ist, man nur den Magen zu heilen braucht. In der östlichen Medizin jedoch werden Krankheiten als, an einer bestimmten Stelle aufgetauchte Schwächen des ganzen Körpers betrachtet, und das passt genau zum Konzept des vollständigen Verzehrs.

Wie dem auch sei, um die wahre Gesundheit zu verwirklichen, muss man, wie beispielhaft am ungeschälten Reis gezeigt, die Nahrungsmittel als etwas Lebendiges betrachten, und man sollte zur östlichen Ernährungsweise, also dem vollständigen Verzehr zurückkehren.

Ich verblüffe andere Menschen oft mit meiner Gewohnheit, Erdnüsse mit der dünnen Schale zu essen, aber auch das ist einfach der vollständige Verzehr. Ich habe die Gewohnheit, 365 Tage im Jahr Erdnüsse mit der dünnen Schale zu knabbern. Dadurch kann ich auf eine einfache Art und Weise pflanzliches Eiweiß zu mir nehmen, und das kann ich, weil meine Zähne in Ordnung sind. Ich kann diese *Methode* denjenigen, die schon immer schlechte Zähne hatten, nicht empfehlen, aber man kann die Nüsse auch zerkleinert essen, und es müssen nicht unbedingt Erdnüsse sein, auch Tofu und fermentierte Sojabohnen sind geeignet. Was auch immer es sei, es ist sehr gut für die Gesundheit, pflanzliches Eiweiß aus den, auch »Fleisch der Felder« genannten Hülsenfrüchten aufzunehmen.

Wenn ich auf meine Ernährung achte, dann nicht mehr, als auf diese Art und Weise. Außerdem gibt es nichts Besonderes zu tun, nichts, was ich auf keinen Fall esse, oder nur esse, wenn es aus biologischem Anbau stammt, also nichts, was mich besonders aufregt. Um die Frage zu beantworten, was man am besten essen solle, ist es richtiger, den eigenen Körper zu fragen und auf die innere Stimme zu hören, als sich an die Forschungsergebnisse der Ernährungswissenschaft zu klammern.

Viele Ernährungswissenschaftler meinen zum Beispiel, wir bräuchten tierisches Eiweiß. Betrachten wir dazu die Form unseres Mundes und der Zähne, so wird klar, dass der Mensch nicht auf den Verzehr von Fleisch eingerichtet ist. Mund und Zähne sind nicht spitz wie bei Raubtieren wie Löwe und

Wolf. Die Raubtiere haben eine spitze und hervorstehende Schnauze und scharfe Zähne und das ist genau das richtige Design, um das Fleisch von den Knochen abzureißen.

Der Mund des Menschen dagegen ist breit und auch die hinteren Zähne sind so flach gestaltet wie Mörser. Die Zähne sind so geformt, dass man mit den Schneidezähnen die Nahrung zerbeißen und sie mit den hinteren Zähnen kauen und zermahlen kann. Das beweist, dass der Mensch am besten für ähnliche Nahrung ausgestattet ist, wie sie die Gras fressenden Tiere zu sich nehmen, also hauptsächlich Körner und Gemüse. Der Mensch hat auch Eckzähne, aber auch diese sind, anders als die Fangzähne der Raubtiere, eigentlich »sanfte Zähne«, die gerade so scharf sind, dass man damit Fasern durchtrennen kann, so dass man sie auch »Faser-Schneidezähne« nennen kann. Fleisch zu essen, passt nicht zum Menschen, das wird bereits bei der Betrachtung dieser einen Tatsache klar. Die Aufnahme von tierischem Eiweiß, wie Fleisch, ist ursprünglich nicht von der Natur vorgesehen und dient somit nicht der Gesundheit des Menschen.

Außerdem ist der menschliche Darm (Dünndarm) im Vergleich zur Körpergröße extrem lang. Auch das ist ein Beweis, dass der Mensch ein Pflanzenesser ist. Da die Verdauung und Aufnahme von Fasern, wie zum Beispiel Gemüse, Zeit braucht, ist der Darm der Pflanzen fressenden Tiere lang, eine Gärung findet statt, durch die die Nährstoffe so verarbeitet werden, dass sie der Körper aufnehmen kann.

Wenn tierische Eiweiße lange Zeit im Darm liegen, verfaulen sie und sondern Leichengifte, so genannte Ptomaine, ab. Das bedeutet, dass für Lebewesen mit einem langen Darm Fleisch Gift ist und diese schleichende Vergiftung beeinflusst nicht nur die Gesundheit, sondern auch den Gemütszustand.

Der Charakter der Raubtiere ist wild und aggressiv. Im Gegensatz dazu sind die großen grasfressenden Tiere, wie der Elefant und die Kuh, vom Wesen her ruhige und sanfte Tiere.

Früchte und Gemüse zu essen, bringt eine stille und kontinuierliche Energie mit sich. Diese baut in Ruhe eine stabile Kraft und ein starkes Immunsystem auf und ist, auf Dauer gesehen, besser für die Gesundheit des Menschen.

Man kann sich also an den anatomischen und physiologischen Gegebenheiten orientieren und wenn man dazu auf die innere Weisheit des Körpers hört, findet man leicht heraus, was für einen selbst gesund ist.

Wenn man das Essen in sich hineinstopft, bis der Magen voll ist, fühlt man sich nicht wohl und es fällt einem sogar die Bewegung schwer. Auf diese Weise sendet der Körper Signale aus, dass es ihm nicht gut tut.

Unser Körper basiert auf denselben Prinzipien wie das Universum. Wie das Universum eine, ihm innewohnende Weisheit besitzt, so auch der Körper.

Außer meiner Ernährung praktiziere ich an Gesundheitspraktiken noch kalte Bäder. Dies ist bereits seit meiner Jugend ein fester Bestandteil meines Tagesrhythmus. Entweder steige ich in die mit kaltem Wasser gefüllte Badewanne oder ich dusche mich noch nach dem heißen Bad kalt ab. Das härtet ab und bewirkt, dass die Widerstandskraft des ganzen Körpers steigt.

Die Methode stärkt das Immunsystem

Ich möchte behaupten, dass die beste Vorsorge die Stärkung des Immunsystems ist.

Die *unerschöpfliche Macht des Universums*, aktiviert durch die *schöpferische Kraft der Gedanken und der richtigen Atmung*, kann Funktion, Widerstandskraft, Immunstärke und Lebensdauer aller Körperzellen verbessern. Deshalb hat die *Methode* auch eine genügend starke Wirkung, um der vielfach tödlichen Krankheit Krebs vorzubeugen.

Krebs ist, einfach ausgedrückt, ein Symptom, das durch krankhafte Veränderungen der Zellen hervorgerufen wird. Die krankhaften Zellen vermehren sich unkontrolliert und behindern die Funktionen der gesunden Zellen. Das ist so ähnlich wie »schlechtes Geld, das gutes Geld vertreibt«.

Es werden verschiedene Ursachen für die Entstehung solcher abnormen Zellen genannt. Ich glaube, dass eine der Ursachen dafür der chronische Sauerstoffmangel ist. Der wichtigste Nährstoff für die Gesundheit der Zellen und die Aufrechterhaltung ihrer Funktionen ist – wie schon öfter erwähnt – der Sauerstoff.

Wenn man also durch die *schöpferische Kraft der Gedanken und der richtigen Atmung* effektiv und dauerhaft die in der Luft vorhandene Lebensenergie *Ki* und den Sauerstoff aufnimmt und sie gleichmäßig im ganzen Körper verteilt, können die Zellen immer gesund bleiben und die Entstehung der bösen Krebszellen unterdrücken, und selbst wenn einmal Krebszellen entstehen sollten, können diese bereits im Vorfeld ausgerottet werden, da die Lebenskraft der gesunden Zellen stark ist. Das glaube ich jedenfalls. Besser gesagt, das glaube ich nicht nur, das weiß ich, denn in meinem Umfeld gibt es Menschen, die vom Krebs befallen wurden, aber entweder mit der *Methode* die weitere Ausbreitung der Krebszellen stoppen oder sogar die Anzahl der Krebszellen verringern konnten. Das sind gute Beispiele dafür, dass die ausreichende Versorgung mit *Ki* und Sauerstoff nicht nur ein Schutz vor Krebs ist, sondern auch ein wirksames Mittel gegen die Ausbreitung der Krebszellen und dass sie sogar ein Heilmittel sein kann.

Das Wissen, dass wir uns mit der Vorstellungskraft heilen können, setzt sich immer mehr durch und es gibt viele Beispiele für die Wirksamkeit von Therapien, die darauf aufbauen.

Auch dass die Psyche einen Einfluss auf eine Krebsentstehung und andererseits die Heilung hat, scheint erwiesen, und dass eine positive, optimistische Einstellung, Lachen und Humor, das Immunsystem stärken und vor Krankheiten wie Krebs schützen kann, ebenfalls.

Eine weitere Therapierichtung legt das Hauptgewicht darauf, den Patienten wieder einen Lebenssinn zu geben, zum Beispiel, indem durch Malen oder das Erlernen eines Musikinstrumentes die kreativen Fähigkeiten bewusst gemacht werden und damit auch neue Lebensfreude geweckt wird.

Es ist ein interessanter Ansatz, diese Krankheit von der Seite der Psyche her anzugehen. Bis vor kurzem wurde er als absolut sinnlos abgestempelt, aber langsam findet in der Ärzteschaft ein Umdenkprozess statt.

Die Lebens- und Abwehrkraft der Zellen von der körperlichen und der geistigen und psychischen Seite her zu stärken – das ist die Besonderheit der schöpferischen Kraft der Gedanken und der richtigen Atmung.

Im Vorhergehenden hatte ich schon erklärt, wieso die *Methode* vor Senilität schützen kann, auf dem gleichen Prinzip beruht auch ihre Wirksamkeit gegen Schlaganfälle und Herzkrankheiten. Alle diese Krankheiten werden von Schäden an Gehirn und Herz, wie Arterienverkalkung und Funktionsschwäche der Blutgefäße hervorgerufen, und auch diese können – wenn die Zellen der Blutgefäße mit genügend Sauerstoff versorgt werden – vermieden oder geheilt werden. So bleiben die Blutgefäße jung und elastisch und werden vor Schäden geschützt.

Auch die Knochen bestehen aus Zellen. Deshalb kann man mit der *Methode* die Knochen kräftigen. Die Technik ist zum Beispiel auch sehr wirksam gegen die, bei Frauen häufig vorkommende Osteoporose.

Die Knochenzellen haben die Fähigkeit, den wichtigsten

Baustein der Knochen, das Kalzium festzuhalten. Wie ein Klebeband binden die Zellen das Kalzium und halten es fest, damit es nicht verloren geht. Wenn die Zellen ungenügend mit Nährstoffen versorgt werden, lässt natürlich diese Fähigkeit nach. Hier spielt auch die Aktivität der Hormondrüsen eine Rolle, wenngleich der gesamte Mechanismus wissenschaftlich noch nicht geklärt ist. Die Klebefähigkeit wird schwächer und das Kalzium blättert von den Zellen ab, die Zellen werden brüchig und schwach. Und selbst wenn man in diesem Zustand viel Kalzium zuführt, geht genauso viel verloren. Das ist genauso wirksam, als versuchte man mit einem Sieb Wasser zu schöpfen.

Deshalb ist es zunächst einmal wichtig, die Knochen als »Behälter« für das Kalzium zu stärken. Wenn man genügend Sauerstoff aufnimmt, bleibt die Absorbtionskraft der Knochen erhalten oder regeneriert sich und hilft beim Schutz gegen oder der Heilung von Osteoporose.

Die *Methode* lässt darauf hoffen, dass vielen Krankheiten auf diese Weise vorgebeugt werden kann.

Die Lebensstrahlen

Fernheilung ohne eigene Mitwirkung

Ich möchte es dem Leser überlassen, ob er den folgenden Bericht glaubt, oder nicht.

Kurz nachdem ich meine Praxis in Shibuya eröffnet hatte, wartete eines Tages ein Mann mittleren Alters auf mich, als ich nach einem Hausbesuch zurückkam. Als er mich sah, stand er auf und rief unter häufigen Verbeugungen: »Ach, Sie sind es!« Nachdem er sich selbst als Herr X aus Nagoya vorgestellt hatte, fuhr er fort, sich zu bedanken: »Ich hätte Sie nicht für einen so jungen Mann gehalten. Vielen Dank. Dank Ihrer Hilfe ist die Krankheit völlig geheilt worden!« Ich wusste erst gar nicht, worum es ging, während er auf mich einredete.

Bei diesem Mann, so erfuhr ich, war Nierentuberkulose diagnostiziert worden und man hatte ihm gesagt, er müsse operiert werden. Da hörte er, dass es in Tokio einen Arzt gäbe, der »*Lebensstrahlen-Therapie*« praktiziere und er beschloss nach Tokio zu kommen, um sich untersuchen zu lassen. Da er sich dachte, dass ich ein bedeutender Arzt sei, der durch Handauflegen heilen könne, setzte er sich hin, um seine Seele vor der Behandlung einzustimmen, indem er mit Zazen Geist und Seele in Einklang brachte.

Kurz darauf drückte ihm jemand auf den Rücken. Als er sich erstaunt umblickte, sah er das Gesicht eines bärtigen jungen Mannes und die Stelle, auf die gedrückt wurde, fühlte sich so an, als ob heißes Wasser hineinströmte. Es war ein unsagbar schönes Gefühl. Dieses Druckgefühl blieb so und schließlich schlief er ein. Am nächsten Morgen hatte sich die Menge des normalerweise in seinem Morgenurin enthaltenen Blutes bereits erheblich verringert.

An diesem Abend, als er wieder Geist und Seele in Einklang brachte, erschien derselbe junge Mann und es geschah wie am Vorabend. Und als er am nächsten Morgen seinen Urin betrachtete, war noch weniger Blut darin. An diesem dritten Abend wiederholte sich das Ganze noch einmal. Am darauf folgenden Morgen, als er auf die Toilette ging, war er sehr erstaunt: Sein Urin floss ganz sauber.

Als er dann ins Krankenhaus eilte, um sich untersuchen zu lassen, war nun der Arzt an der Reihe große Augen zu machen: »Sie sind vollständig geheilt. Was hat das zu bedeuten?«

Auch eine nochmalige gründliche Untersuchung änderte nichts an dem Ergebnis, dass er vollständig geheilt war. Natürlich wurde die Operation unnötig und mit der Bestätigung, dass er nicht mehr ins Krankenhaus müsse, kehrte der Mann nach Hause zurück. Da er es aber so noch nicht begreifen konnte, fuhr er nach Tokio, um mich in meiner Praxis zu treffen.

Obwohl er sich irgendwie einen ältlichen ruhigen Herrn vorgestellt hatte, war er – obwohl ich tatsächlich einen Bart trug – über meine Jugend sehr erstaunt (ich war damals gerade so um die dreißig Jahre alt), aber er war damit zufrieden, denn ich war eindeutig derjenige, der ihm während der Meditation erschienen war und ihm auf den Rücken gedrückt hatte.

Natürlich erinnere ich mich nicht an so etwas und habe keine Sinneseindrücke davon erhalten. Allerdings gibt es bereits vorher und auch später noch ähnliche Beispiele, dass ich, ohne von den Umständen zu wissen, Menschen vollständig geheilt haben soll und ich erfahre erst aus den Dankesbriefen davon.

Heilung mit Lebensstrahlen

Auch die folgende Episode ist eine alte Geschichte:
Mehr als zehn Jahre nach der vorherigen Begebenheit erhielt
ich im Alter von 43 Jahren einen Einrückbefehl. Es war
schon gegen Ende des Krieges und etwa 250 praktizierende
Ärzte zwischen 40 und 44 Jahren wurden einberufen. Einer
davon war ich. Dass man die gerade noch zum Kriegsdienst
tauglichen, alten Männer einberief, um die Reihen der Soldaten zu füllen, war ein Akt der Verzweiflung zu einer Zeit,
da der Krieg schon als verloren galt.
Deshalb war ich auch nicht als Militärarzt einberufen worden,
sondern als ein Rekrut niedrigsten Ranges. In der Welt da
draußen wurden wir mit »Herr Doktor« angesprochen, aber
ab jenem Tag ließen Vorgesetzte im Alter unserer eigenen
Kinder uns hart arbeiten. Mit Bomben auf dem Rücken ließ
man uns tagtäglich Selbstmordstrategien für den Tag üben,
an dem die feindlichen Panzer einrücken würden.
Da dachte ich bei mir: »Ich bin doch nicht Arzt geworden, damit ich zu guter Letzt auf dem Boden herumkrie-
che, um von Panzern überrollt zu werden, sondern ganz
im Gegenteil, um menschliches Leben zu retten.« Und ich
bat inständig darum, dass sich diese Umstände irgendwie
ändern mögen.
Am nächsten Morgen veränderten sich die Umstände
schlagartig.
Ich wurde ins Hauptquartier gerufen, der Oberbefehlshaber
war ernstlich erkrankt und ich erhielt den Befehl, ihn zu
kurieren. Ich wurde in einen nahe gelegenen Kurort geschickt,
wo er sich aufhielt, und als ich mich nach seinem Zustand
erkundigte, erfuhr ich, dass er von einer beträchtlichen
Anzahl von Militärärzten die verschiedensten Therapien
erhalten hatte, dass aber nichts geholfen hatte. So war die
Wahl auf mich gefallen.

Der Oberbefehlshaber war ein feiner Mann, der auch einen zweitklassigen Soldaten wie mich mit beiden Händen begrüßte, wie es sich gehört. Als ich ihn untersuchte war klar, dass ihm mit Medikamenten und westlicher Medizin nicht mehr zu helfen war. Also versuchte ich es mit der »Lebensstrahlen-Therapie«, legte also meine Hände auf die erkrankte Stelle auf und sandte meine Vorstellung aus. Danach bedankte sich der Oberbefehlshaber höflich und kümmerte sich sogar um ein Bad und eine Mahlzeit für mich.

In einem sauberen heißen Wasser – ganz anders als im Bad in der Kaserne – schrubbte ich mir den Schmutz ab, und auch zum Essen gab es eine herrliche Mahlzeit mit weißem Reis, ein riesiger Unterschied wie zwischen Himmel und Erde zu den Mahlzeiten der gewöhnlichen Soldaten, zu denen es nur Hirse gab. Ich nahm es an und war völlig zufrieden. Als ich in die Kaserne zurückkehrte, war ich für diesen Tag von den Übungen befreit. Und diese gastliche Behandlung dauerte für ganze drei Wochen an, täglich wurde ich zu meinem Patienten gebracht.

Meine Kameraden schwitzten viel bei den Übungen und kamen völlig erledigt zurück. Sie taten mir leid, aber ich konnte nichts dagegen tun.

Schließlich war die Krankheit des Oberbefehlshabers völlig geheilt und es war nicht mehr nötig, zur Behandlung zu ihm zu fahren.

Als ich dann darauf gefasst war, wieder zu den ursprünglichen Übungen im Herumkriechen zurückzukehren, kam von oben ein Befehl, ich solle ab sofort im Militärkrankenhaus arbeiten. Dann, nachdem ich nur zehn Tage im Militärkrankenhaus war, wurde ich einstweilig von meinen Pflichten entbunden. Es hieß, ich sollte später wieder einberufen werden. Allerdings wurde ich nie ein zweites Mal einberufen, weil der Krieg bald vorbei war.

Handauflegen – Lebensstrahlen

Wissenschaftlich erklärbar sind diese Heilungen nach dem derzeitigen Stand der Wissenschaft nicht [oder nur, wenn man die Außenseiter der Forschung, wie A. Popp (Biophysik) und R. Sheldrake (Biologie) ernst nimmt]. Doch das heißt nicht, dass sie sich nicht tatsächlich ereignen, sondern nur, dass das derzeitige Niveau der Wissenschaft nicht ausreicht, um sie zu verstehen, beziehungsweise, dass sich die Wissenschaften auf die »objektiv beobachtbare Realität« als Objekt ihrer Forschung beschränken.

In Japan waren zu der Zeit, als ich Medizin studierte, verschiedene Methoden der Volksmedizin noch üblich, und besonders in der Taisho- und zu Beginn der Showa-Zeit (Taisho 1912-1925, ab 1926 Showa) wurden Heilmethoden, wie das Handauflegen praktiziert. Es ist klar, dass die Ärzte, die die westliche Medizin studiert hatten, diese Heilmethoden als Aberglauben abtaten und sich überhaupt nicht damit abgaben, aber ich war daran interessiert.

Bei aufmerksamer Betrachtung findet man tatsächlich viele Beispiele dafür, dass Krankheiten ganz ohne Medikamente und medizinische Therapien, durch Handauflegen auf die erkrankte Stelle oder den Kopf des Patienten geheilt wurden.

Auch wenn ein Baby irgendwo Schmerzen hat, will ihm die Mutter durch Reiben und Streicheln der schmerzenden Stelle Erleichterung verschaffen. Das ist Handauflegen im wahren Sinn des Wortes und es hat eine medizinische Wirkung. Auch wenn es wissenschaftlich nicht erklärt ist, so wissen wir doch instinktiv oder durch Erfahrung, dass es hilft.

Durch die, zu meiner Zeit bekannten Beispiele angeregt, begann ich mit dem Heilen durch Handauflegen zu experimentieren. Ich erfuhr somit die hervorragende Wirkung dieser *Methode* und kam zu dem Schluss, dass man sie in die medizinischen Therapien integrieren sollte.

Auf welchen Prinzipien beruht diese Wirkung? Warum wird man durch das Auflegen der Hände geheilt? Ich glaube, diese Fragen führten mich dazu, die Lebenskraft zu entdecken, die dem Leben innewohnt und die ich *Lebensstrahlen* genannt habe.

Kurz zuvor hatte der russische Mediziner und Biologe, Professor Alexander Gurwitsch entdeckt, dass von einer Zwiebel Strahlen ausgehen, die er mitogenetische (die Zellteilung anregende) Strahlung nannte. Man nahm an, dass es sich um ultraviolette Strahlung handelte.

Ich glaube, dass die von mir gefundenen *Lebensstrahlen* mit dieser Strahlung verwandt sind, aber sie sind viel stärker als eine solche physikalische Energie. Die ursprüngliche Heilkraft des Lebens, verbunden mit den geistigen Kräften der gedanklichen Vorstellung ergibt die *Lebensstrahlen*.

Natürlich hat das keine wissenschaftliche Basis. Und ich hatte auch keine Einrichtung und Gelegenheit, dies wissenschaftlich zu untersuchen. Aber durch Versuche mit Pflanzen, wie dem oben erwähnten Versuch mit den Blättern des Alpenveilchens, sowie durch die Erfahrungen, die ich machte, wenn ich Freunde und Familienmitglieder durch Handauflegen von ihren Beschwerden befreien konnte, wurde es mir eindeutig klar, dass diese *Lebensstrahlen* existieren und heilend wirken.

Diese *Lebensstrahlen* sind nicht auf Pflanzen wie die Zwiebel beschränkt – alles was Leben hat, auch Tiere und Menschen, besitzen sie. Und diese Strahlung lässt sich sogar verstärken. Mit diesen *Lebensstrahlen* heilt sich das Lebewesen von etwaigen Krankheiten und kann gesund werden.

Die Lebewesen haben die Fähigkeit, ihre eigene Lebenskraft (man kann sie auch die natürliche Heilkraft nennen) zu aktivieren. Das heißt, der Mensch hat die Gabe, sich selbst zu heilen. Damals integrierte ich, obwohl ich die westliche Medizin studierte, solche östlichen Ideen in meine Behandlungsmethoden und wollte damit zur Heilung von Krankheiten beitragen.

Heutzutage trifft man zwar häufiger auf Ärzte, die solche Wege gehen, aber damals wurde das nicht akzeptiert und es war keineswegs erlaubt, solche zweifelhaften Heilmethoden, wie das Handauflegen, an der Universitätsklinik einzuführen. Ich probierte allerdings genau das.

Nachdem ich meine Studien an der medizinischen Fakultät der Universität Tokio abgeschlossen hatte, nahm ich, um meine Familie (Vater, Mutter, jüngerer Bruder und jüngere Schwester) zu ernähren, eine gut bezahlte Stelle an einer Universitätsklinik in den Kolonien an und ging für einige Jahre ins Ausland. Wieder in Japan wollte ich physikalische Therapie studieren und schrieb mich wieder an der Universität Tokio im Fach physikalische Therapie der Inneren Medizin ein.

An einem Abend etwa ein Jahr später bekam ein Patient der ersten Klasse plötzlich starke Schmerzen. Normalerweise war der Chefarzt der Universitätsklinik für die Patienten der ersten Klasse zuständig, und da ich erst vor einem Jahr an diese Klinik gekommen war, durfte ich solche Personen erst recht nicht behandeln. Aber es war mitten in der Nacht und ich war der einzige Dienst habende Arzt. Als ich also an das Bett des Patienten kam und ihn untersuchte, war er in einem schlechteren Zustand als erwartet. Es war ein Fall, bei dem man zunächst einmal ein Schmerzmittel spritzen würde.

Aber ich gab ihm keine Spritze, sondern legte stattdessen meine Hand auf die betroffene Stelle. Es war mir durchaus bewusst, welche Kritik ich mir zuziehen würde, wenn ich in der Universitätsklinik die Hand auflegen würde, und bis dahin hatte ich so etwas auch nicht getan, aber hier war Eile geboten und es sah auch niemand zu. Also wandte ich schnell die Heilmethode durch Handauflegen an.

Dem Patienten ging es sofort besser und er freute sich sehr. Damit hätte es gut sein können, aber am nächsten Morgen beantragte er, statt vom zuständigen Arzt, nun von mir behandelt zu werden. Dieser Antrag kam über den Direktor der Universitätsklinik dem Professor zu Ohren und der rief mich sofort in sein Studierzimmer.

»Stimmt das, dass du irgendeinen ›Zauber‹ auf einen Patienten hast wirken lassen? Wenn das wahr ist, dann bist du ein schamloser Scharlatan!« So drückte er seinen natürlich heftigen Ärger aus. Es war Herr Professor Manabe Kiichiro, der starrköpfigste Professor der Universität Tokio, ein Mensch, der für Geradlinigkeit stand.

Ich wusste zwar, dass ich jetzt in einer aussichtslosen Lage war, aber trotzdem begann ich, die Wirkungsweise der Therapie durch Handauflegen darzulegen. Der Herr Professor allerdings hörte mir überhaupt nicht zu. Er brüllte mich an, dass er einen Mann, der solche unwissenschaftlichen Heilmethoden praktiziere, nicht in seinem Seminar gebrauchen könne: »Ich schließe dich von meinem Seminar aus! Raus mit dir!«

Ich war darauf gefasst gewesen, aber ich ließ mich zu Widerworten hinreißen:

»Wenn Sie mich rausschmeißen, gehe ich. Aber ich glaube daran, dass Sie eines Tages noch stolz darauf sein werden, einen Schüler namens Shioya gehabt zu haben.«

»Dummkopf!«

Ich verließ das Studierzimmer des noch immer schimpfenden Professors und konnte ab sofort nicht mehr in der Universitätsklinik arbeiten. Es nagte an mir, dass ich mit meinem Lehrer in solch einem unhöflichen Ton gesprochen hatte und tief im Herzen bereute ich meine harten Worte, aber mein Vertrauen in die *Methode* des Heilens durch Handauflegen war nicht im Geringsten erschüttert worden, und ich glaubte auch fest daran, dass der Tag, an dem der Herr Professor seine Meinung über mich ändern würde, in nicht allzu weiter Ferne lag.

Ein einziges Handauflegen hatte gravierende Folgen nach sich gezogen: Ich war für immer vom Unibetrieb ausgeschlossen, doch für mich war dieses Ereignis der Anlass, meine Praxis in Shibuya zu eröffnen. Und etwa ein Jahr später bekam ich die Gelegenheit, gemeinsam mit Herrn Professor Manabe einen Politiker zu behandeln.

Anfangs redete er nicht einmal mit mir, aber allmählich taute er auf und dann hörte er sich auch meine Meinung zum Befund und den Therapievorschlägen an. Später rief er mich aus der Klinik an und sagte mir: »Ich habe mich in meiner Meinung über Sie geirrt. Sie sind ein hervorragender Kliniker.«

Zu der Zehnjahresfeier meiner Praxis hatte ich den Professor als Ehrengast eingeladen und er sagte in seiner Rede: »Herr Shioya ist zwar kein offizieller Schüler von mir, aber er beschreitet auf eine wundervolle Weise den Weg eines praktischen Arztes. Ich bin ganz stolz darauf, einen solchen Schüler zu haben.« Ich war zu Tränen gerührt und beruhigt, weil ich jetzt endlich auch seine Anerkennung errungen hatte.

Dadurch, dass ich meine eigene Praxis hatte, konnte ich, ohne auf die Meinung anderer Rücksicht nehmen zu müssen, durch Handauflegen heilen, und auf dem Praxisschild fügte ich auch »Forschungsstelle für *Lebensstrahlen*« hinzu. Wenn es die Patienten wünschten oder ich es für nötig befand, behandelte ich, zusätzlich zur westlichen Medizin, auch mit meiner Therapie mit Handauflegen. Natürlich setzte ich dabei auch die Kraft der Vorstellung ein.

Während ich meine Hand auf die kranke Stelle oder auf den Kopf des Patienten auflegte, verdoppelte ich die Wirksamkeit der Therapie, indem ich mir vorstellte, dass die Krankheit geheilt sei. Ich verließ mich nicht allein auf äußere Therapiemethoden, wie Medikamente.

Mit den *Lebensstrahlen* und der Vorstellung wird stattdessen die Lebenskraft des Patienten selbst, also die eigene Heilkraft des Organismus aktiviert. Und wenn ich Medikamente ausgab, wurden auch diese mit Vorstellungskraft »gewürzt«.

Noch eine kleine Geschichte zur Energie beim Handauflegen: Während des Krieges besuchte mich der Angestellte eines Elektroherstellers und sagte: »Ich erforsche die Strahlungen, die von Menschen ausgehen, und da ich Gerüchte über Sie und Ihre Fähigkeiten gehört habe, bin ich zu Ihnen gekommen, Herr Doktor. Bitte lassen Sie mich Ihre Handfläche mit diesem Gerät ausmessen.« Da es mich peinlich daran erinnerte, dass ich zwar das hochtrabende Wort »Forschungsstelle« auf mein Praxisschild geschrieben hatte, aber obwohl ich diese Therapie anwandte, kaum mit der Erforschung der *Lebensstrahlen* vorangekommen war, ließ ich mich hocherfreut ausmessen. Es war ein einfaches Gerät, das an ein Galvanometer angeschlossen wurde. Dieses schlug über die Skala hinaus aus und damit war eine Messung unmöglich. »Das ist zum ersten Mal passiert«, sagte der Mann.

Gesunderhalten statt Heilen

Wie sehr man auch darauf beharren mag, dass die *Lebensstrahlen* und das Handauflegen unwissenschaftlich seien, bleibt doch die Tatsache bestehen, dass ich damit viele Patienten geheilt habe, und das sind Fakten, die man nicht als Fantasie abstempeln kann.

Ein praktischer Arzt verkörpert geradezu die Erfahrungs-Medizin. In der Erfahrungs-Medizin, wie der östlichen und der chinesischen Medizin, gibt es nur klinische Beispiele und keine Versuche – das kritisiert die moderne Medizin, die eine analytische ist. Tatsächlich ist der gedankliche Überbau in der östlichen Medizin grundlegend verschieden von dem, der modernen westlichen. Deshalb dauert der unfruchtbare Disput zwischen den beiden Richtungen an. Es ist gut, Meinungen auszutauschen, aber es gibt nichts Unglücklicheres als die Tatsache, dass dadurch der Patient, dem eigentlich die ganze Aufmerksamkeit zu gelten hat, vernachlässigt wird.

Die analytische Medizin betrachtet nicht den Patienten, sondern die Organe. Sie richtet ihr Augenmerk nicht auf den gesamten Körper des leidenden Menschen, sondern betastet nur das schmerzende Teil oder das Organ. Der Patient gilt nur als ein Objekt der Therapie und dadurch mangelt es ihr an jener Einstellung, die den Menschen als Ganzes betrachtet.

So entsteht auch ein Misstrauen gegenüber dieser Medizin: Die Menschen möchten nicht als Gegenstand, als Objekt, behandelt werden. Aus diesem Unbehagen heraus werden Fragen, wie die, ob der Arzt den Patienten über seine Krankheit aufklären und dessen Einwilligung zur Behandlung einholen muss, heftigst und kontrovers diskutiert.

Da sowohl die Erfahrungs-Medizin als auch die analytische Medizin jede ihre Stärken hat, ist es für eine ganzheitliche Medizin notwendig, die positiven Seiten beider Methoden parallel einzusetzen.

Und obwohl die Medizin, besonders die westliche, ganz selbstverständlich auf das Heilen von Krankheiten ausgerichtet ist, so ist es doch wichtig, die natürliche Heilkraft, die das Leben besitzt, zu aktivieren und einen Körper zu schaffen, der nicht krank wird. Seit Beginn meiner klinischen Praxis bis heute, stand dies im Mittelpunkt meiner Arbeit. Nicht das Organ, sondern den Menschen heilen; nicht die Krankheit, sondern den Kranken heilen – das Handauflegen und die *Lebensstrahlen-Therapie* sind Ausdruck einer solchen ganzheitlichen Medizin.

Heute praktiziere ich das Handauflegen nicht mehr. Nicht weil ich es ablehne oder nicht mehr kann. Wenn ich wollte, könnte ich es auch heute noch anwenden, und es dürfte auch nicht weniger wirksam geworden sein. Aber ich tue es nicht mehr.

Und warum? Ich habe es bereits angedeutet: Der Mensch hat die Fähigkeit, sich selbst zu heilen. Indem man die eigene Lebenskraft erweckt, kann man sich von Krankheiten heilen und sich vor ihnen schützen. Ich habe erkannt, dass man nicht von anderen Menschen verlangen darf, dass sie einen heilen, sondern dass man die eigene Lebenskraft erwecken muss. Das ist auf lange Sicht gesehen der beste Weg zur Verwirklichung vollkommener Gesundheit. Dies ist auch ein Schritt auf dem Weg, für die eigene Gesundheit selbst die Verantwortung zu übernehmen. Und dies geht ganz einfach, indem man durch das Praktizieren der *schöpferischen Kraft der Gedanken und der richtigen Atmung* die *unerschöpfliche Kraft des Universums* aktiviert.

Ob es nun die *Lebensstrahlen-Therapie*, die Kraft der Vorstellungen und Visionen, die natürliche Lebenskraft oder die Heilkraft ist – die Quelle aller dieser Kräfte liegt in der *unerschöpflichen Kraft des Universums*.

Als Erstes hatte ich angenommen, diese Kraft käme aus unserer eigenen Seele, später vermutete ich, sie würde uns von den Gottheiten gegeben, doch inzwischen bin ich der Überzeugung, dass es sich um die *unerschöpfliche Kraft des Universums* handelt.

Diese ursprüngliche Kraft schließt alles ein, ist überall vorhanden, und jeder kann sie aktivieren.

Es ist wichtig, sein Hauptaugenmerk auf die unsichtbare Welt zu richten

Ich weiß nicht viel über das chinesische Qi Gong, aber ich weiß von einer, seit 3000 Jahren überlieferten Qi Gong-Technik, bei der das, im unteren Bauch (im Hara) angesammelte Ki durch den eigenen Körper geleitet und von den Handflächen ausgestrahlt wird, um damit Krankheiten zu heilen. Meine *Lebensstrahlen-Therapie* dürfte die japanische Form der Arbeit mit der gleichen Energie sein.

In angesehenen, wissenschaftlichen Zeitschriften in China werden gelegentlich Studien zu dieser Qi Gong-Therapie veröffentlicht, und laut diesen ist es eine besondere Art von Ultraviolettstrahlung, die von den Handflächen der Qi Gong-Meister ausstrahlt. Als man diese Strahlung analysierte und anschließend die gleiche Strahlung technisch reproduzierte und zur Heilung verwendete, zeigte sich interessanterweise, dass damit die gleiche Wirkung erzielt werden konnte.

Nicht nur aus China, sondern aus aller Welt sind von alters her Heilmethoden überliefert, die mit dem Handauflegen arbeiten. Vor langer Zeit habe ich auf den Philippinen eine solche Heilmethode gesehen und erlebt. Natürlich wirkt dabei neben dem rein physischen Element die seelische Komponente, weil der Patient von der Heilkraft überzeugt ist. Doch es ist eine unbestreitbare, wissenschaftlich bewiesene Tatsache, dass von den Handflächen der chinesischen Qi Gong Meister eine besondere Energie ausstrahlt, und so ist die Wirksamkeit des Handauflegens nicht völlig von der Hand zu weisen. Und ich nehme auch an, dass ein Großteil der medizinischen Wirkung auf der Vertrauensbeziehung zwischen dem Patienten und dem Heiler basiert. Die Naturwissenschaften sollten ihre Engstirnigkeit bezüglich ihrer Ablehnung von unsichtbaren Dingen ablegen. Gefühle wie Trauer und Freude sind nicht sichtbar und nicht messbar. Wie lassen sich Interesse oder Langeweile messen? Auch die Arbeitsweise der Schutzfunktionen des Körpers und des autonomen Nervensystems sind in den Augen der Naturwissenschaften unsichtbar. Doch auch all dies sind streng genommen naturwissenschaftliche Phänomene.

Placebo-Medikamente wirken ebenfalls auf der nicht sichtbaren Ebene, im psychischen Bereich, wenn der Betreffende davon überzeugt ist, dass es sich um ein hochwirksames Präparat handelt.

Die Kraft der Vorstellung zeigt sich auch an dem bekannten Beispiel, dass Menschen, die man mit einer Pflanze berührte und ihnen sagte, dies sei eine Brennnessel, einen Ausschlag bekamen, während andere, die man mit einer echten Brennnessel berührte, denen aber gesagt wurde, es sei eine harmlose Taubnessel, keinen Ausschlag bekamen.

Also haben auch Heilmethoden, die auf der Psychologie der Einbildung und des Glaubens basieren, auf der Körperebene eine medizinische Wirkung. Hierbei besteht sicher ein großer Unterschied zwischen bloßem »Denken« und »Glauben«.

Wie dem auch sei, es ist wichtig, auch das Unsichtbare ins Auge zu fassen, aber nicht aus dem kühlen, analytischen Blickwinkel der Naturwissenschaften, sondern mit dem warmen Blick der Lebensphilosophie. In der materialistischen Naturwissenschaft, die sich nur mit der sichtbaren Welt beschäftigt, kann man die Funktionsweise der Seele und des Geistes nicht messen. Es wäre schön, wenn auch eine Wissenschaft der Vorstellungen oder eine Wissenschaft von den geistigen Bereichen im Rahmen der Naturwissenschaften Platz finden würden, anders ausgedrückt, ich wünsche mir eine »Wissenschaft der unsichtbaren Welt«.

Geistig-philosophischer Hintergrund

Meine Erfahrung mit der Welt der Geistwesen

Die unsichtbare Welt zu fühlen, daran zu glauben – ich weiß nicht, ob die Verwendung solcher Worte passend ist – aber ich glaubte ganz selbstverständlich und fest seit meiner Kindheit, dass die unsichtbare Welt der »Geistseele« und ihre Kraft existieren.

Es gibt in dieser Welt Dinge, von denen wir nichts wissen können, nein, es gibt sogar eine andere Welt neben der unseren. Diese Welt der »Geistseele« ist viel weiter, größer und tiefer als die Welt, die wir sehen und der wir uns bewusst werden können. Und diese unbekannte Welt ist die Quelle all der Dinge, die wir wahrnehmen und wissen können; sie beeinflusst alles, sie vereinigt alles in sich.

Meine Gedanken waren noch nicht derart geordnet, aber ich glaubte bedingungslos an die Existenz der unsichtbaren Welt und spürte sie. Als ich jung war, war das nicht etwas so Seltenes wie heute. Die sichtbaren Dinge allein sind noch nicht alles. Es gab damals viel mehr Menschen als heute, für die so etwas ganz selbstverständlich war. Es kann sein, dass es an meiner Veranlagung lag, jedenfalls tendierte ich sehr stark in diese Richtung und seitdem ich in Shibuya meine Praxis eröffnet hatte, bis in den Krieg hinein, interessierte ich mich für die Welt der Geister, und ich sammelte Erfahrung im Umgang mit einer Vielzahl von ihnen.

Wenn der Mensch stirbt, löst sich der Körper auf, aber die Seele zieht in die unsichtbare Welt um und lebt dort weiter. Die Dimension solcher Geistwesen wird allmählich höher, aber die Geister, welche noch keine hohe Dimension erreicht haben, versuchen den Menschen auf dieser Welt ihre Wünsche kundzutun. Als Vermittler werden Medien oder Menschen mit medialer Begabung erwählt, die durch Sehen, Fühlen oder Hören der Geister die verschiedensten Botschaften überbringen. Dadurch erkannte ich Folgendes:

- Auch wenn der Mensch stirbt, lebt die Seele in der Welt der Seelen weiter. Deshalb gibt es keinen Tod, durch den der Mensch vollständig ausgelöscht wird.
- Es besteht eine Verbindung zwischen den Menschen und der Welt der Seelen.

In dieser Zeit habe ich mit vielen Geistern verkehrt und mir wurden verschiedene Erscheinungen und Lehren aus der Welt der Geister vermittelt. Zum Beispiel gab es einen Geist, der bei der Seance immer erschien und mir Nützliches erzählte, das mir zur Seelennahrung wurde. Wir nannten ihn vertraulich »Herr Ômine«, er war ein Eremit, der am Ômine-Berg Askese geübt hatte und bei lebendigem Leib in den Himmel aufgestiegen war.

Die Erzählungen von Ômine-san waren voller tiefsinniger Gedanken, und da er sie noch dazu in einem menschlich ungezwungenen Ton vortrug, war ich jedes Mal beim Hören tief beeindruckt. Er war in eine Samurai-Familie hineingeboren worden, aber er konnte kein Schwert führen und auch keine Bücher lesen. Da aus allem, was dieser »Versager« versuchte, nichts wurde, ging er bei einem Asketen in die Lehre und praktizierte selbst lange Zeit Askese.

Die tiefgründigen Wahrheiten aus seinen Erfahrungen gab er in schlichten Worten an mich weiter, wie zum Beispiel: »Ein Geist, der denkt, dass es nicht geht, wird letztendlich weggeworfen« oder »Wie sehr sich die Welt auch verändern mag, die menschliche Natur verändert sich nicht«. Er klärte mich über die Abgründe der menschlichen Verfehlungen auf, und es war dieser Ômine-san, der mich als Erster lehrte, dass eine große Reinigungszeremonie nötig wäre, um diese Verfehlungen zu sühnen.

Ich weiß allerdings, dass es Menschen gibt, die auf solche Geschichten mit Abwehr reagieren, und ich habe bereits vor sehr langer Zeit aufgehört, mit den Geistern zu verkehren, weil ich erkannt habe, dass der Austausch zwischen den Geistwesen und den Menschen direkt erfolgen sollte und nicht durch eine dritte Person, ein Medium. Jedes Medium hat ein Selbst und ein, großenteils unbewusstes, Denkmuster, und das behindert den reinen Austausch mit den Geistwesen. Ich denke deshalb, dass die Menschen selbst die Nachrichten und Wünsche aus der Welt der Geistwesen intuitiv empfangen müssen.

Außerdem gibt es nur sehr wenige Geistwesen mit einer hohen geistigen Reife, die mit den Menschen Kontakt aufnehmen. Weitaus mehr steigern sich unser Wissen und unsere Kraft, wenn wir die *unerschöpfliche Kraft des Universums* in uns aufnehmen, die die Schöpferin aller Dinge ist, die eine größere und höhere Existenz ist, die auch die Welt der Geister beinhaltet; und das ist viel wichtiger, als mit den niederen Geistern zu verkehren.

Deshalb will ich auch nur so viel aus der Welt der Geister erzählen, dass um mich herum einige seltsame Phänomene geschehen, die man nicht mit der, sich auf das Sichtbare konzentrierenden Naturwissenschaft erklären kann.

Vor kurzem geschah so etwas Außergewöhnliches: Als ich am Morgen nach Neujahr aufwachte, rief mich meine Frau zu sich und als ich nachsehen ging, zeigte sie lachend auf eine leere Schachtel und sagte: »Du, schau mal....« Als ich hineinsah, lagen darin insgesamt dreizehn Familienfotos unserer vier Kinder, die in Tokio und Yokohama verstreut wohnen. Es lagen die Schnappschüsse unserer glücklich lachenden Kinder und Enkelkinder auf einem Haufen.

Ich konnte mich an keines dieser Fotos erinnern. Es waren lauter für mich neue Bilder, die nicht ursprünglich in unserer Wohnung vorhanden gewesen waren. Deshalb waren sie alle

138

von den verschiedenen Orten über eine größere Entfernung hinweg bewegt (teleportiert) worden. Und auch die Schachtel, in welcher die Fotos lagen, hatte ich zwar als Behälter für Kleinigkeiten benutzt, aber vor etwa zwei Jahren hatte ich sie irgendwo verloren.

Viele Dinge, die wir noch nicht gesehen hatten, waren, während wir geschlafen hatten, auf dem Nachttisch meiner Frau zusammengekommen und hatten sich in einer verschwunden geglaubten Schachtel versammelt.

»Du, das ist statt der Neujahrsbesuche unserer Kinder«, sagte meine Frau und ich stimme ihr zu.

Das Gesetz von Ursache und Wirkung

Nicht nur Briefe, sondern sogar ein Buch ist schon über eine gewisse Entfernung hinweg an einem anderen Ort aufgetaucht. Eines der Bücher, die ich geschrieben hatte, ist ganz plötzlich an einem weit entfernten, mir unbekannten Ort, bei einem mir unbekannten Menschen aufgetaucht.

Das war in Saga auf Kyûshû.

Es ist die Geschichte von Herrn S, der lange Jahre an der Saga Universität als Professor für Schulpsychologie tätig war. Herr S bestellt üblicherweise die Bücher, die er lesen möchte, gesammelt in einer Buchhandlung und lässt sie sich dann mit der Post zustellen.

An einem Tag vor etwa zwei Jahren jedoch, als er ein Paket von sieben oder acht Büchern öffnete, wunderte er sich, weil sich nämlich darunter ein Buch befand, von dem er sich nicht erinnern konnte, dass er es bestellt hatte. Als er sich dann sofort bei der Buchhandlung erkundigte, hieß es, das Buch sei tatsächlich bestellt worden. Herr S erinnerte sich aber überhaupt nicht daran. Der Titel und der Name des Autors sagten ihm überhaupt nichts. Es handelte sich um mein erstes Buch »Gedichte über Gesundheit, langes Leben und Behaglichkeit«.

Herr S schreibt über die damalige Angelegenheit folgendermaßen in seinem Brief:

»Anfang September lag auf meinem Schreibtisch das von Ihnen verfasste Buch ›Gedichte über Gesundheit, langes Leben und Behaglichkeit‹. Wie es auf meinen Schreibtisch gelangte, das kann ich mir auch heute noch nicht so richtig erklären. Als ich probeweise ein wenig hineinlas, wurde ich sofort davon gefesselt. Ich bin dann völlig darin versunken und habe es in einem Zug durchgelesen. Darin war alles enthalten, wonach ich mich derzeit sehnte.

Ich bin jetzt 88 Jahre alt. Ursprünglich habe ich an der Saga Universität über Schulpsychologie doziert. Ich habe sogar den Grad eines Doktors der Pädagogik erlangt, und seit sechs oder sieben Jahren interessiere ich mich für die neue Parapsychologie, habe mit Qi Gong angefangen und praktiziere auch Zazen, aber Ihr Buch war voller tiefsinniger, fast perfekter Wahrheit, nach der ich mich sehnte. Ich habe dann sofort mit der schöpferischen Kraft der Gedanken und der richtigen Atmung begonnen.

Gleichzeitig kamen auch noch zwei andere Bücher von Ihnen zu mir. Beide Bücher habe ich richtiggehend verschlungen. Ich habe fünf Kinder (vier Söhne und eine Tochter) und zwölf Enkel (sechs Jungen und sechs Mädchen), und ich wollte sie alle dieses Buch lesen lassen, so dass ich noch einmal fünf Exemplare (für jedes meiner Kinder eines) bestellte.

Ich halte Ihr Buch für das beste über das Leben, wie ich es mir bisher immer gewünscht habe. Vielen Dank.

Seit meinen jungen Jahren war es mein Lebensziel ›dem nobelsten Menschen, den es in dieser Welt gibt, zu begegnen‹. Jetzt habe ich Ihr Buch gesehen und ich habe intuitiv gespürt, dass Sie der Mensch meines langjährigen Wunsches sind.«

Wie im Brief erwähnt, ist er, wie ich auch, ein alter Mann von etwa neunzig Jahren, hat also ein Alter, in dem man selbst mit einer gesunden Haltung den Alterungsprozess nicht mehr aufhalten kann. Seit er allerdings mit der schöpferischen Kraft der Gedanken und der richtigen Atmung begonnen hatte, behielt er seine Gesundheit und alterte nicht mehr und empfiehlt nun auch seiner Familie, seinen früheren Schülern und anderen Menschen in seiner Umgebung die *Methode*.

Dass ein Buch plötzlich auftaucht, das passiert in meiner Umgebung häufiger. Nicht nur Bücher, sondern ganz verschiedene Gegenstände tauchen in meiner Umgebung auf. Und andererseits kommt es auch vor, dass Dinge aus meiner Umgebung irgendwo anders hingehen und wieder zurückkommen.

Deshalb war ich über diesen Brief auch nicht so sehr erstaunt, und da ich damals in Tokushima auf Shikoku einen Vortrag geplant hatte, rief ich Herrn S an und lud ihn ein, falls es in seine Pläne passte, sich doch in Tokushima mit mir zu treffen.

Herr S nahm die Einladung sofort hocherfreut an. Er erschien an jenem Tag in Tokushima und blieb auch über Nacht. Ich war überaus gerührt und auch sehr glücklich, aber damals war Herr S – bitte verzeihen Sie mir diese Bemerkung, sehr geehrter Herr – etwas gebeugt und unsicher auf den Füßen.

Dann wurde es schon fast zur Gewohnheit, dass er, bevor ich einen Vortrag in Osaka, Tokio oder Kobe hielt, auftauchen würde, und da bemerkte ich, wie er immer munterer wurde. Er wurde sicher auf den Füßen und auch sein Rücken ist nun gerade wie ein Stock. Seine Gesichtsfarbe und der Glanz der Augen sind zurückgekehrt, so dass man ihn verwechseln könnte; auch seine Stimme hat sich ganz und gar verjüngt und hat wieder Kraft. Die Wirkungen der schöpferischen Kraft der Gedanken und der richtigen Atmung zeigen sich.

Von meinem Standpunkt aus ist Herr S ein Beispiel für jemanden, »der so geworden ist, wie er werden sollte«. Wie schon in seinem Brief steht, besaß Herr S seit seiner Jugend den Wunsch, »dem nobelsten Menschen der Welt zu begegnen«, und als er mein Buch las, spürte er intuitiv, dass er dieser Person begegnet war. Ich bin ganz bestimmt nicht dieser Mensch, aber wie ich noch erklären werde, gab es zwischen Herrn S und mir in zweierlei Hinsicht eine Verbindung. Diese unsichtbaren Beziehungen wurden im Zusammenhang mit dem plötzlich aufgetauchten Buch deutlich.

Die eine Beziehung stammt aus einem »vorherigen Leben«. Seit seiner Schulzeit war Herr S von Shôtoku Taishi (einem japanischen Kronprinzen und Politiker des 6.-7. Jahrhunderts) fasziniert und hatte dessen Leben und Wirken intensiv erforscht, und dafür gibt es einen tieferen Grund: In seinem früheren Leben war er ein Mitglied der Familie Imbe, die Shôtoku Taishi gedient hatten. Andererseits gab es auch in einem meiner früheren Leben einen Imbe Shintatsu, der Shôtoku Taishi gedient hatte. Das heißt, die Verbindung zwischen uns bestand in der Tatsache, dass wir beide in einem früheren Leben in derselben Familie im Umfeld von Shôtoku Taishi gelebt hatten.

Außerdem lag in dem Gebiet von Tokushima der Imbe-Schrein und hier war früher das Herrschaftsgebiet der Imbe gewesen, so dass diese Region sehr eng mit den Familienbanden der Imbe im Zusammenhang steht. Deshalb erscheint unser Treffen in Tokushima, wenn man nur die äußere Welt betrachtet, zwar als rein zufällig, aber in der Welt der Geister war dieses Ereignis richtiggehend zu einem einzigen Schicksalsstrang verwoben.

Natürlich war das auch mit Unterstützung der, in der Geisterwelt mit uns verbundenen Seelen, geschehen.

Die andere Verbindung zwischen Herrn S und mir liegt im gegenwärtigen Leben.

Herr S hatte nach seiner Emeritierung begonnen, sich für Parapsychologie zu interessieren sowie Zazen und Qi Gong zu üben; er befasste sich also intensiv mit der unsichtbaren Welt und glaubte, dass sie existiert. Dadurch erhielt eine höhere Kraft in ihm Energie und bewirkte, dass mein Buch zu ihm gerufen wurde und wir in Verbindung kamen. **Wichtiges und das, was man verlangt, wird auf jeden Fall verwirklicht.**

Das ist vielleicht ein zu einfaches Verständnis von der Sache. Aber die Wahrheit besteht aus überraschend einfachen Prinzipien. Weil sie einfach ist, ist sie auch tiefgründig.

Die Wissenschaft hat eine ziemlich pedantische Tendenz, das Komplizierte und Schwerverständliche als tiefgründig anzusehen, aber es ist umgekehrt: Die Wahrheit ist äußerst simpel. Da ist kein Raum für das Einfügen von fremden Elementen. Das ist in etwa so, wie der Computer seine gewaltigen, komplizierten Berechnungen allesamt mit der Aneinanderreihung von 0 und 1 im einfachen Digitalsystem ausführt.

Das bedeutet, dass das Buch auftauchte, weil Herr S es »wollte«. Herr S glaubt an die unsichtbare Welt, und weil er die Wahrheit begehrte, erschien das Buch, um Herrn S eine Antwort zu geben. Ich habe bereits an früherer Stelle ausgeführt, dass »was man sich wünscht, ganz sicher eintritt«, und die Worte Jesu »Glaubt beim Beten daran, dass das Gebet erhört wird« drücken das Gleiche aus.

Das Gebet, der Wunsch und der Wille sind Machtübernahmen der Seele, die sagt: »Es kann in Erfüllung gehen«, mit der sie das Magnetfeld des Herzens vorbereitet, damit das Gewünschte leichter eintrifft. Die *unerschöpfliche Kraft des Universums* ist hier am Werk. Eine Seele, die nach etwas verlangt und daran glaubt, wird zur Verwirklichung hingezogen. Wenn man beim Golf – egal, wie genau man die Richtung trifft – nicht wenigstens so stark schlägt, dass man in die Nähe des Loches kommt, wird man auf keinen Fall einlochen können. Genauso muss man an den Erfolg glauben und darum beten. Wenn man nicht nach ihm verlangt, dann erscheint er nicht.

Deshalb gilt nicht nur für Herrn S, sondern auch für Sie, dass wichtige Dinge, die Dinge, die Sie sich wünschen, ganz sicher verwirklicht werden und ganz sicher auftauchen, wenn Sie an den Erfolg glauben.

Alles, was es auf der Welt gibt, existiert, weil es einen Sinn, einen Wert, einen Grund hat. Es ist »vorhanden«, weil es nötig und wichtig ist. Wofür es keinen Bedarf gibt, was unnötig ist, was nicht wichtig ist, das existiert von vornherein nicht. Es gibt auf der Erde nicht ein einziges unnötiges Ding; es gibt nicht einmal einen Hauch von unsinnigen Dingen.

Seit ich von der Existenz der *unerschöpflichen Kraft des Universums* weiß, bin ich noch mehr von dieser Tatsache überzeugt. Der Wille des Universums schafft alle Dinge auf diese Art. Der tiefsinnige Wille des Universums schafft keinesfalls nutzlose Dinge in dieser Welt. Er bringt dieser Welt nur sinnvolle, wertvolle Dinge, die einen Grund haben; das ist der Wille des Universums, weil es Gesetz ist.

Von den Heiligen und wahren Gentlemen bis zu den Mördern, von den Kakerlaken bis zur Krebskrankheit – alles existiert, weil es notwendig ist. Kinder werden geboren, die Eltern sterben, beides sind nötige Ereignisse, die einen Grund haben.

Wie auch immer wir das sehen wollen; wie auch immer wir uns deswegen fühlen – unter allen Dingen auf dieser Welt gibt es nichts Unnützes, nur Notwendiges, und nur notwendige Ereignisse geschehen – alles was ist, soll sein; alles was sich ereignet, soll sich ereignen – so soll es dem Willen des Universums entsprechend sein.

Sie sagen: »Ich habe Misserfolg gehabt.« »Ich habe es verpfuscht.« Aber auch das ist nicht ohne Grund. Dieser Misserfolg kann zur Ursache für den nächsten Erfolg werden. Sie haben soeben eine Million Euro verloren – auch das ist in Ordnung, Sie wissen nicht, was sich daraus ergibt. Genauso wenig können Sie sich sicher als Hans im Glück wähnen, wenn Sie eine Million gewonnen haben.

Es ist auch schon vorgekommen, dass jemand das Flugzeug verpasst hat und sich Vorwürfe macht, dass er dadurch die Verhandlungen versäumt hat – und dann stürzt das Flugzeug ab. Natürlich passiert es auch oft, dass ein Erfolg zur Ursache für einen Misserfolg wird.

Das Schlechte steht mit dem Guten in Zusammenhang – alles ist Ursache, ist Ergebnis und wird wiederum zur nächsten Ursache. Die Vergangenheit ist die Ursache für die Gegenwart; und was sich aus der Gegenwart ergibt, wird zur Ursache der Zukunft. Im unendlichen Zyklus dieses Gesetzes von Ursache und Wirkung existieren alle Dinge und Wesen, einschließlich uns Menschen.

Wenn nun aber alles auf dem Gesetz von Ursache und Wirkung beruht, dann müsste – ganz einfach ausgedrückt – jeweils die Hälfte an Gutem und Schlechtem, an Freud und Leid passieren. Die Welt ist aber ganz ungerecht.

Die Menschen, die fleißig arbeiten, sich für die Welt und die anderen Menschen einsetzen, bringen es auf der sozialen Leiter überhaupt nicht weit. Es kommt sogar vor, dass sie ihr ganzes, armseliges Leben lang vom Pech verfolgt bleiben.

Andererseits gibt es auch Menschen, die – obwohl sie Böses tun, so viel sie wollen – mit Glück gesegnet sind und friedlich auf die Reise ins Jenseits gehen. Das ist völliger Blödsinn! Gibt es denn in dieser Welt weder Buddhas noch Götter?

Diese scheinbare Ungerechtigkeit sieht man öfter, also könnte man daraus schließen, dass schlechte Ursachen nicht zu schlechten Ergebnissen und gute Ursachen nicht zu guten Ergebnissen führen. Das ist jedoch eine kurzsichtige Betrachtungsweise, die nur dieses Leben sieht. Bei einer

145

Sichtweise, die auch künftige Leben mit einschließt, erkennt man, dass die Bilanz von Ursache und Wirkung ausgeglichen wird, entsprechend dem Gesetz von Ursache und Wirkung. Im nächsten Leben wird tatsächlich den Menschen, die Gutes getan haben, ein gutes Ergebnis, und denjenigen, die Böses getan haben, ein schlechtes Ergebnis gebracht. Das, was ein jeder hervorgebracht hat, kommt zu seinem Verursacher zurück.

Ich verkünde hier keine buddhistische Lehre. Wenn man dieses Gesetz von Ursache und Wirkung kennt, kann man eine völlig andere Einstellung zu den täglichen Ereignissen entwickeln, und zwar eine, die einem selbst gut tut.

Ist man sich dessen bewusst, dass alles im großen, natürlichen Rhythmus des Gesetzes von Ursache und Wirkung abläuft, so kann man sowohl Glück als auch Unglück als notwendig annehmen und die positive Einstellung und das Gefühl von Dankbarkeit entstehen ganz von allein. Das Unglück ist die Ursache für Glück; das Leid von heute ist Grundlage für die Freude von morgen: Weil das Gesetz des Universums so eingerichtet ist, ist es möglich, im täglichen Leben alles als notwendig aufzufassen und somit ruhig und gelassen zu leben.

Gemäß dem natürlichen Rhythmus von Ursache und Wirkung, das heißt, gemäß den Prinzipien des großen Universums zu leben bedeutet, sich nicht auf das jeweilige kleine Glück oder Unglück zu fixieren und davon abhängig, entweder traurig oder froh zu sein, sondern möglichst ausgeglichen zu sein. Mit dieser Einstellung und Lebensweise gelingt es dem Menschen, das große Glück zu erlangen.

Zeit – das Jetzt

Deshalb ist es wichtig, diesen Moment, *jetzt*, mit voller Kraft zu leben. Da alles in der Welt eine Manifestation des Willens des Universums ist, ist es wichtig, dass man sich an die dadurch vorgegebene Linie hält, sich nicht dauernd an die Vergangenheit klammert, sich nicht ständig in Gedanken um die Zukunft Sorgen macht, sondern *jetzt*, diesen Augenblick, mit voller Kraft erlebt. Und das ist möglich, wenn man das Gesetz von Ursache und Wirkung sowie das Gesetz des Universums kennt.

Jetzt, in der Gegenwart, ist alles enthalten. Dies bedenkend, sucht man nicht nach Gründen, sorgt sich nicht um Ergebnisse und entwickelt eine Einstellung, bei der man seine ganze Kraft mit voller Konzentration in dieses *Jetzt* einfließen lässt. Diese Einstellung kann im Hier und Jetzt sofort realisiert werden: Regnet es, ist man dem Regen gegenüber positiv eingestellt, scheint die Sonne, ist man damit im Einklang. Es wird möglich, eine zur Situation passende Einstellung zu haben, und man kann in der Regel eine klare, friedliche Haltung ohne Hemmnisse und Zweifel erreichen.

Alles ist in einem Augenblick enthalten – das ist nicht nur ein Sinnbild, um die Funktionsweise dieser Grundhaltung zu erklären, das ist auch das Gesetz des Universums. Was wir Zeit nennen, verläuft entlang einer Geraden von der Vergangenheit über die Gegenwart bis in die Zukunft: Die Vergangenheit ist bereits vergangen, die Zukunft noch nicht gekommen – das ist unser Konzept von Zeit, und in der dreidimensionalen Welt kommt man damit gut zurecht.

In den Welten höherer Dimensionen jedoch, gibt es weder Vergangenheit noch Gegenwart noch Zukunft. Dort existiert auch nicht das Phänomen des linearen Flusses von Zeit. Alles ist nur der jetzige Augenblick. Oder, in dem »Jetzt« genannten Zeitpunkt ist die Vergangenheit, die Gegenwart

und die Zukunft enthalten. Natürlich sind auch Worte wie
»*Jetzt*« und »Zeitpunkt« nur in der dreidimensionalen Welt
nützliche Ausdrücke. In Wirklichkeit gibt es dieses »*Jetzt*«
nicht. Es ist die so genannte »Leere«. Diese Leere aber ist
eine Leere, die alle Existenzen beinhaltet. An einem Punkt
dieser Leere steigen sowohl die, bis dahin verstrichene lange,
lange Vergangenheit als auch die, von da an beginnende
lange, lange Zukunft im Fluss dieser ewigen Zeitspanne auf
und ab, und auch sämtliche Existenzen aus allen Dimensionen sind darin enthalten.
Wir, die wir allerdings in der dreidimensionalen Welt leben,
können dies nicht physikalisch wahrnehmen und erleben.
Wir können es uns nur als Idee vorstellen und voraussetzen.
Viele Philosophen und Mystiker haben in verschiedenen
Begriffen von diesem »*Jetzt aller Existenzen*« gesprochen und
das sind keine theoretischen Gedankengebäude, ohne jede
Grundlage in der Realität und auch nicht unnütz.
Für mich ist dieses »*Jetzt aller Existenzen*« deutlich sichtbar und
wahrnehmbar, es ist keine reine Vorstellung oder Theorie.
Ich denke, dass ich das »*Jetzt aller Existenzen*« direkt spüren
kann, dass ich den Zeitpunkt, der die ganze Vergangenheit,
Gegenwart und Zukunft beinhaltet, erleben kann. Aber ich
möchte aufhören, dies noch näher zu erklären, denn die
von mir verwendeten Worte gehören der dreidimensionalen Ebene an, und es ist unmöglich, die Struktur der Welt
höherer Dimensionen zu beschreiben. Das ist das Gleiche
wie in der Malerei, wenn man dreidimensionale Objekte auf
einem zweidimensionalen Medium abbilden will – egal wie
geschickt man dabei vorgeht, es bleibt immer eine »ähnliche Kopie« des dreidimensionalen Objektes. Man kann im
Zweidimensionalen das, einer höheren Dimension angehö-
rende Dreidimensionale nicht vollständig darstellen. Ich
möchte keine solchen Dummheiten machen.
Doch dieses »*Jetzt aller Existenzen*« müsste eigentlich jeder

fühlen können. Jeder kann sich stets den Punkt, der der Ursprung aller Dinge ist und der alles beinhaltet, vorstellen und ihn deutlich fühlen. Wenn man ihn vor sich hat, braucht man ihn nur noch als seelischen »Proviant« zu nehmen, um die Gegenwart im Alltagsleben jetzt, mit aller Kraft, mit einer positiven Einstellung und ohne Zweifel zu leben.

Mit der *Methode* atmet man das Universum tief ein, und wenn man diesen Atem an dem Punkt des Hara konzentriert, konzentriert man dort auch den einen Punkt, der alle Existenzen des Universums beinhaltet.

Die kommende Zeit der Veränderung

Hinweise auf meine Mission

Als ich während meiner aktiven Zeit als praktischer Arzt zu Hausbesuchen bis in den Ort Ninomiya in der Präfektur Kanagawa kam, geriet ich durch einen dummen Einfall in eine lebensgefährliche Situation.

Nach der Untersuchung geleitete mich die Tochter des Hauses mit einem Sonnenschirm bis zum Bahnhof des Ortes und da bestach mich die wunderschöne Aussicht auf die Sumô-Bucht, die man von der Küste bei Ninomiya hatte. Als der von Natur aus neugierige Frechdachs, der ich damals war, wollte ich unbedingt schwimmen und wurde so ungeduldig, dass ich ohne auf die junge Frau zu hören, nur mit einem Lendenschurz bekleidet ins Meer sprang.

Es waren keine anderen Menschen zu sehen und eine Weile lang genoss ich ganz allein das erfrischende Bad im Meer, bis ich bemerkte, dass ich mit einer immens starken Kraft auf das offene Meer hinaustrieb. Ich schwamm mit aller Kraft zurück und trotzdem entfernte ich mich immer mehr vom sichtbaren Ufer – sogar die Gestalt der jungen Frau war auf die Größe eines Kornes zusammengeschrumpft und schließlich verschwand das Ufer ganz aus meinem Blickfeld.

Ich war mit meiner Kraft am Ende und dachte schon, das sei jetzt das Ende, als ich von einer überaus großen Welle bedroht wurde. Die Welle brach über mir zusammen und begann meinen Körper wie in einem Spiel im Wasser zu drehen. Ich weiß nicht, wie lange ich von den Wellen gebeutelt wurde, aber es dürften wohl einige Minuten gewesen sein. Ich hatte völlig die Orientierung verloren, wo oben und unten war, und um mich herum war es ganz dunkel:

Ich hatte das Bewusstsein verloren. Und plötzlich wurde ich an einen Strand gespült.

Ich war gerettet, wieder unter den Lebenden und atmete! Als ich wieder zu Bewusstsein gelangte, war ich völlig unverletzt. Keine einzige Schramme!

Warum war ich wohl plötzlich von einer großen Welle bedroht worden? Wie war es mir gelungen, die Luft so lange anzuhalten, wie ich den Wellen ausgesetzt war? Wie kam es, dass ich wieder zurück an die Küste gespült und gerettet wurde?

Auf dem Weg nach Hause, oder im Laufe der darauf folgenden Zeit, kam ich zu der folgenden festen Überzeugung:

Dass ich aus einer kritischen Situation in höchster Not zurück ins Leben kehrte, lag daran, dass eine Macht mich am Leben erhalten wollte. Jeder Mensch ist mit einer Mission geboren. Jemand hat mich am Leben erhalten, damit ich »leben solle, bis meine Mission erfüllt ist«. Bis ich diese Mission erfüllt habe, kann ich nicht sterben, auch wenn ich es wollte!

Ich habe noch einmal eine Erfahrung gemacht, bei der ich dem Tod nur knapp entrann. Ich bekam eine eitrige Zwerchfellentzündung, durch die der Darm gelähmt wurde und man prophezeite mir, dass nun mein Ende gekommen sei.

Die Ursache war eine Blinddarmentzündung gewesen. Ich hatte zwar die Symptome der Blinddarmentzündung erkannt, aber ich war derart beschäftigt, dass ich keine Zeit hatte, mich behandeln zu lassen. Ich erinnere mich, dass es plötzlich, während eines Hausbesuches, einen Riss in meinem Körper gab. Ich eilte nach Hause und ließ einen mir bekannten Chirurgen kommen, um mir in meinem, zu einem Operationssaal umfunktionierten Untersuchungszimmer den Bauch öffnen zu lassen. Sofort trat sehr viel Eiter aus und die Gedärme waren wie Luftballons aufgebläht, sodass es zu einer Darmlähmung kam. Der Arzt teilte meiner Familie mit, dass er mich nicht mehr retten könne und dass ich aufgrund dieser Darmlähmung höchstwahrscheinlich noch diese Nacht sterben würde. Zu diesem Zeitpunkt versammelte sich der Freundeskreis, mit dem zusammen ich die Geister erforschte, in meiner Praxis. Dank dieser Freunde, die sich um mich herum aufstellten, die ganze Nacht hindurch eifrig beteten, mir ihre Hände auflegten und mir erstmals eine Gruppenheilung zuteil werden ließen, konnte ich wie durch ein Wunder überleben.

Als ich den Totenfluss Styx bereits zu mehr als der Hälfte überquert hatte, entkam ich wieder mit knapper Not dem Tod und kehrte wieder in die Welt der Lebenden zurück. Ich glaube, dass mich auch dieses Mal, die mir gegebene Mission am Leben erhalten hat.

Auch die Tuberkulose, die zur damaligen Zeit noch eine tödliche Krankheit war, überlebte ich und damals glaubte ich ganz fest daran, dass ich – da die Medizin ja meine Berufung war – nicht an dieser Krankheit sterben würde.

Durch solche Krankheiten und Unfälle erhielt ich aus irgendwelchen Tiefen oder Höhen sogar im Alltagsleben Zeichen, die mir sagten: »Du hast eine Mission – erfülle sie!« Mir sind sehr viele Erlebnisse zuteil geworden, die meiner Ansicht nach eine solche Bedeutung haben.

Das war auch so, als ich auf einer Afrikareise war. Durch eine Vielzahl von Begegnungen mit der Natur und verschiedenen Tieren, erlebte ich viel Seltsames, das ich mir mit meinem naturwissenschaftlichen Wissen nicht erklären kann, und ich erhielt hier einige Zeichen, die mich auf meine Mission hinwiesen. Ich will Ihnen davon drei Begebenheiten erzählen:

Vor ungefähr fünfundzwanzig Jahren machte ich mit meiner Frau eine Afrikareise. Dabei waren wir hauptsächlich mit dem Jeep unterwegs und fuhren durch Kenia und die angrenzenden Länder. Als wir durch die Savanne von Tansania fuhren, tauchte vor uns ein großer See auf. Es war ein von vielen Bäumen umgebener, riesiger See mit Inseln darin. Auf seiner Oberfläche spiegelten sich die Bäume und die Inseln wider, und er war voll sauberem Wasser.

Der Jeep, in dem wir saßen, fuhr immer geradeaus in den See hinein. Vielmehr muss man sagen, dass sich gerade vor unserem Jeep auf ganz natürliche Art und Weise eine Straße auftat, welche den weiten See in zwei Teile teilte. Der einheimische Fahrer blickte völlig perplex drein und war sprachlos. Auch wir konnten vor Erstaunen nur den Kopf schütteln. Wir alle hatten geglaubt, der See sei eine Fata Morgana, doch dann hätte er verschwinden müssen als wir näher kamen, stattdessen fuhr der Jeep auf der Wasseroberfläche.

Als ich mich unterwegs umdrehte, war der Weg hinter uns bereits wieder verschwunden und nur die Oberfläche des Sees war noch zu sehen. Aber vor uns ging der Weg geradeaus weiter. Als wir am anderen Ufer angekommen waren und uns umsahen, verschwand der See ganz langsam. Hinter uns erstreckte sich nur noch die ursprüngliche Savanne.

»So etwas erlebe ich zum ersten Mal. Wie kommt so etwas?«, murmelte unser Fahrer unaufhörlich vor sich hin. Auch ich konnte es ihm nicht erklären. Wir konnten nicht anders als zu glauben, wir hätten ein mit Naturwissenschaft nicht zu erklärendes Phänomen erlebt: Ein seltsames Phänomen hatte sich vor unseren Augen abgespielt.

Außerdem war es mitten in der Trockenzeit und es hatte bereits tagelang keinen einzigen Tropfen geregnet. Doch obwohl das Gras verdorrt und die Erde mit Rissen überzogen war, sahen wir, dass die Erdoberfläche hier nass war. Während ich so dachte »das ist aber erstaunlich«, und meinen Kopf hob, da spannte sich am Himmel ein majestätischer Regenbogen. Es war ein perfekter Bogen in allen sieben Farben von einer bisher ungesehenen Breite, und außerdem war an seiner Außenseite ein zweiter, noch größerer Regenbogen. Wir fuhren unter diesen Regenbogen hindurch.

Schließlich, als ich am letzten Morgen der Reise aus der Lodge trat, in der wir übernachtet hatten, glänzten Himmel und Erde in allen vier Richtungen in meinem gesamten Gesichtskreis golden. Der Albert-See zu meinen Füßen, genauso wie die Savanne und der Himmel – alles war erfüllt von einem goldenen Licht, als ob die ganze Fläche vergoldet worden wäre. Auch die Sonne glänzte, wie ein sehr dunkel-goldener Spiegel. Durch so viel Erhabenheit überwältigt, war ich sprachlos und blieb fassungslos stehen.

Ich hatte das Empfinden, dass die afrikanische Natur mir auf besondere Art und Weise »Auf Wiedersehen« sagen wollte und mir zum Abschied dieses Panorama zeigte.

Und das ist noch nicht alles. An diesem Tag endete die Safari und wir verließen das Tierreservat. Doch mitten in der Savanne, auf dem Weg zurück in die Zivilisation, begegneten wir einem einzelnen Elefanten. Obwohl wir uns außerhalb des Tierreservats befanden, wo eigentlich keine Tiere mehr zu sehen sein sollten, stand am linken Rand der Straße ein großer Elefantenbulle.

Bis dahin hatten wir bereits viele Elefanten gesehen, aber es war der Erste von einer solch stattlichen Größe. Wir waren alle erstaunt, und als wir verwundert das Auto anhielten, drehte sich der riesige Elefant ganz langsam nach uns um, ging zwei oder drei Schritte rückwärts und beäugte uns. Da wir annahmen, dass dieser Elefant gekommen war, um uns als Vertreter der afrikanischen Tiere das Abschiedsgeleit zu geben, bedankten wir uns bei ihm.

Während wir »Danke« sagten, öffnete der Elefant seine großen Ohren, senkte den Kopf, als ob er sich verbeugte und klatschte mehrere Male seine riesigen Ohren zusammen. Er bedauerte den Abschied und wir waren zutiefst berührt.

Als sich das Auto nach einer Weile wieder in Bewegung setzte, sah uns der Elefant noch immer mit seinen kleinen, sanften Augen traurig nach. Außerhalb des Tierreservates gab es viele Wilderer auf der Suche nach Elfenbein. Deshalb sorgten wir uns sehr um ihn und sagten: »Es ist schon genug. Bitte gehe schnell nach Hause«, aber er beobachtete uns immer noch. Schließlich sah uns der Elefant noch nach, bis er zu einem Punkt am Horizont geworden war.

Auch als wir am Ngoro-See die Flamingos besuchten, geschah etwas Seltsames. Als ich am Ufer des Sees stand, flog vor meinen Augen ein Flamingo auf. Dann flogen sie einer nach dem anderen auf und nachdem sie direkt vor mir eine schöne Spirale formiert hatten, ließen sie sich wieder still auf dem Wasser nieder. Der Fahrer war ganz erstaunt und meinte, so etwas sähe er zum ersten Mal. Flamingos fliegen normalerweise erst auf, wenn es etwa vier Uhr nachmittags geworden ist, aber zu dem Zeitpunkt war es erst etwa zwei Uhr.

Ich habe noch einige andere seltsame Erlebnisse gehabt. Sie beschränken sich nicht nur auf meine Afrikareise, sondern auch bei der weiter oben beschriebenen Besichtigung des Mont Blanc, oder bei der Wanderung am Fuße des Mount Ruwenzori in Afrika, auch bei Reisen innerhalb Japans und sogar zu Hause, erlebte und erlebe ich immer wieder »kleine Wunder«. Man könnte sie einfach außer Acht lassen und als nichts Besonderes abtun, aber ich konnte sie nicht übersehen.

Irgendwann kam ich dann zu dem Schluss, dass dies nicht einfach nur seltsame Phänomene waren, sondern Hinweise auf meine Mission. Die Tatsache ist, dass mir mit den verschiedenen Hinweisen, die mir die afrikanische Natur gegeben hatte, von einem höheren Bewusstsein eine Mission übertragen wurde, und ich war überzeugt davon, dass man große Erwartungen an mich stellte, was die Erfüllung dieser Mission angeht.

So betrachtet, hatte sich im Grunde mein ganzes Leben darauf hin entwickelt: In meiner Kindheit war ich körperlich schwach und probierte verschiedene Gesundheitspraktiken aus, begegnete der Atemtechnik, die ich auf meine eigene Art verbesserte, um die *Methode* der *schöpferischen Kraft der Gedanken und der richtigen Atmung* zusammenzustellen. Durch die Praxis dieser Methode erfuhr ich von der *unerschöpflichen Kraft des Universums* und wie man sie aktiviert. Ist das nicht auch ein »Instrument«, welches mir verliehen wurde, um meine Mission zu erfüllen, eine wirksame Methode, um mich meiner Mission zu nähern? Und ich begann zu denken, dass es vielleicht der Sinn meines Lebens sei, diese Methoden anzuwenden, um meine Mission zu erfüllen.

Gewiss war auch das Retten von Menschenleben, im Rahmen meiner Tätigkeit als Arzt, ein Sinn für mein Leben. Aber letztendlich ist doch die Verwirklichung von Frieden in der Welt die größte Mission. Des Weiteren gilt es, die verschiedenen Probleme, vor denen die Erde jetzt steht, zu lösen und die Erde vor der Zerstörung zu retten.

Vermutlich sind Sie, verehrte Leserinnen und Leser dieses Themas schon überdrüssig und finden, ich sollte nicht auch noch damit anfangen. Und einige werden der Ansicht sein, ich sollte den Mund nicht so voll nehmen. Trotzdem möchte ich Sie höflichst darum bitten, mir noch eine Weile Ihre Aufmerksamkeit zu schenken.

Der Weltfrieden

Mir wurde bewusst, dass die Verwirklichung des Weltfriedens die Mission der Menschen ist.

Für die Verwirklichung des Weltfriedens habe ich bereits seit dem Ende des Zweiten Weltkriegs, inzwischen etwa ein halbes Jahrhundert, gebetet. Begonnen habe ich damit, nachdem ich bei einer meiner Begegnungen mit der Geisterwelt den Befehl erhielt: »Bete für den Weltfrieden. Beschreite den Weg zur Erfüllung dieses Hauptwunsches.« Als ich dann kurze Zeit später den Umgang mit der Geisterwelt abbrach, betete ich weiterhin alleine für den Weltfrieden. Ich dachte mir immer, dass zwar meine Kraft nur unbedeutend ist und wohl keine Wirkung zeigen dürfte, da es aber noch viele andere Menschen gibt, die um den Weltfrieden beten, wird die Kraft aller gebündelt und schließlich wird er verwirklicht werden.

Aber in einem Winkel meines Herzens blieb das Gefühl, dass ich ständig gegen Windmühlen lief. Soviel ich auch betete, jedes Mal, wenn Frieden einkehren wollte, verschlimmerte sich der Zustand der Welt nur noch mehr. Ich zweifelte nicht an der, in den Gebeten enthaltenen, spirituellen Kraft und der Kraft der Vorstellungen, aber der grundlegende Zweifel, ob durch Beten alleine der Frieden verwirklicht werden könne, blieb in meinem Herzen bestehen.

Vor fünf Jahren aber, als ich mein erstes Buch über die Praxis der *schöpferischen Kraft der Gedanken und der richtigen Atmung* und die Aktivierung der *unerschöpflichen Kraft des Universums* auf den Markt gebracht hatte, erhielt ich die Gewissheit, dass der Weltfrieden verwirklicht werden kann.

Dadurch, dass diejenigen, die mein Buch gelesen hatten, so handelten, wie ich es lehre, konnten sie – genauso wie ich – einen gesunden Körper und Geist sowie Glück erlangen. Es erreichen mich viele Rückmeldungen, die mir dies bestätigen.

Das bedeutet: Wenn auf diese Weise die Anzahl der Menschen zunimmt, welche die *Methode* praktizieren und die *unerschöpfliche Kraft des Universums* aktivieren, so nimmt die Anzahl derjenigen Menschen zu, die sich einen gesunden Körper und Geist erhalten, was ein wesentlicher Faktor für den Weltfrieden ist, und sogar zur Grundlage dafür werden kann. Ich bin mir wieder einmal dessen bewusst geworden, dass die *Methode*, konkret angewandt, eine sehr starke Waffe werden kann.

Die *schöpferische Kraft der Gedanken und der richtigen Atmung* bündelt die unerschöpfliche Kraft des Universums im Körper, verstärkt die Macht der Vorstellung und der Gebete, und durch eine starke Bekräftigung (*die Große Bekräftigung*) ist sie eine überaus wirksame Methode, um Wünsche zu verwirklichen. Wenn viele Menschen dies praktizieren, müsste der Weltfrieden schließlich doch noch entstehen, zwar nicht sofort, aber allmählich. Außerdem ist die *schöpferische Kraft der Gedanken und der richtigen Atmung* eine *Methode*, die jeder überall und sofort praktizieren kann, man braucht nur fünfzehn oder zwanzig Minuten dazu. Das bedeutet, es ist eine praktikable *Methode* zur Verwirklichung des Weltfriedens, die auch die Bedingungen zur Durchdringung einer weiten Region erfüllt.

Seitdem ich die neunzig überschritten habe, bin ich mir dessen – wenn auch etwas spät – bewusst geworden, und mir wurde ganz deutlich, dass dies meine Bestimmung für die letzten Lebensjahre ist. Und ich habe mich entschlossen, es zur Aufgabe meiner letzten Lebensjahre zu machen, durch die Verbreitung der *schöpferischen Kraft der Gedanken und der richtigen Atmung* in der ganzen Welt den Weltfrieden zu erreichen.

Prophezeiungen

Ich habe allerdings das verzweifelte Gefühl, dass uns dazu nicht mehr viel Zeit bleibt. Zu Beginn des nächsten Jahrhunderts vollzieht sich eine »Bewegung zur Selbstreinigung« der Erde und die Welt wird von Katastrophen und Unruhen im großen Stil heimgesucht werden – das ist ziemlich sicher. Die große Veränderung der Erde nähert sich mit Riesenschritten.

Es gehen – angefangen von Nostradamus – viele Prophezeiungen von Katastrophen um. In vielen davon wird diese Zeit, die ich als Zeit der großen Reinigung bezeichnen würde, als Zeit des Untergangs, als das Ende der Welt betrachtet.
Die Frage ist allerdings, wann diese Veränderungen eintreten. Ich war damals – im Jahre 1947 – gerade 45 Jahre alt, als mir der alte Geist Ômine-san erzählte, dass es in sechzig Jahren beginnen würde. Das bedeutet, dass laut dieser Prophezeiung die Katastrophen die Erde im Jahre 2007 bedrohen werden.
Der Grund für die Zerstörung sind die, von den Menschen über lange Zeit angehäuften Irrtümer und Vergehen. Sie haben einander betrogen, einander beraubt, einander getötet, die Erde verschmutzt und zerstört. Im Ergebnis ist deshalb eine große Säuberung der menschlichen Welt, eine große Reinigung der Erde nötig. Es ist die Zeit gekommen, für die Missetaten zu büßen.
Zunächst werden tödliche Krankheiten sich ausbreiten, für die es weder Schutzmaßnahmen noch Heilmittel gibt. Hungersnöte werden ausbrechen. Es wird wohl eine so große Hungersnot ausbrechen, dass die Menschen alles, was nur grün ist, essen werden müssen. Des Weiteren werden Naturkatastrophen wie Erdbeben, Vulkanausbrüche, Flutwellen in großem Stil die Welt bedrohen. Schließlich, als größten Selbstreinigungsprozess wird sich die Erdkruste bewegen und die Erdachse neigen.
Durch die Neigung der Erdachse werden heiße und kalte Zonen ausgetauscht, das Eis am Nord- und Südpol wird schmelzen und der Wasserspiegel ansteigen. Es wird auch Kontinente geben, die im Meer versinken, und Meeresboden, der auf-

geworfen wird. Das Gesicht der Erde wird mit einem Schlag verändert und es wird sich ein schwer zu beschreibender, schrecklicher Anblick bieten. Nach der Vergeltung jedoch, werden sowohl die Erde als auch die Menschen erneuert, ein reiner und stiller, wahrer Friede wird kommen.

Dieses Bild, das ich nach der Beschreibung von Ômine-san hier zeichne, ist nicht so sehr anders als die bereits bekannten, alten und neuen Endzeitprophezeiungen.

Solche Prophezeiungen wurden auch in Japan von alters her gemacht und sind in den alten Schriften überliefert. Es gibt zum Beispiel den Ôsokô-Großschrein in der Stadt Isohara, Präfektur Ibaraki, wo in der alten Takeuchi-Handschrift mit uralten Schriftzeichen von vor mehr als zehntausend Jahren, die Prophezeiung eines großen Aufstandes festgehalten ist. Es gibt noch einige andere, schriftlich überlieferte Prophezeiungen wie in den »Offenbarungen von Sonne und Mond« (*Hitsku-Shinji*) oder den »*O-fude-saki*«-Offenbarungen der Neureligion Ômoto-kyô.

Deshalb war ich auch nicht übermäßig erstaunt, als ich diese Prophezeiung hörte, und glaubte auch von Anfang an nicht blindlings an den gesamten Inhalt. Da ich – wie bereits oben ausgeführt – an das Gesetz von Ursache und Wirkung glaube, dachte ich, dass die Menschen im Sinne der »Vergeltung« angemessene Entschädigung leisten müssten.

Allerdings war es mein ehrliches Gefühl, dass ich einer solch großen Tragödie weder zustimmen noch sie ablehnen konnte. Da Prophezeiungen – abgesehen von ihrer Glaubhaftigkeit – immer auch zu einem großen Maß Warnungen und Belehrungen sein sollen, um eben das zu verhindern, was darin angedroht wird, dachte ich, dass man die Wahrheit erst herausfinden könne, wenn diese Zeit gekommen sei.

Als Ergebnis der von der Menschheit angehäuften Sünden ist die Substanz dieser Prophezeiungen allzu katastrophal. Die Wirkungen gemäß dem Gesetz von Ursache und Wirkung

sind wahrlich ungerecht. Auch deshalb ist es sicher, dass es
»etwas gibt, mit dem man nachbessern kann«, so dass es
wohl nicht zu solch einer starken Zerstörung kommen wird.
Auch bezüglich der Prophezeiungen selbst, war ich irgendwo
tief im Inneren meines Herzens zum Schluss gekommen,
dass sie vermutlich nicht zutreffen.

Die Zeit der Reinigung, die von vielen vorausgesagt wurde

Als ich aber dann herausfand, dass Shôtoku Taishi (japa-
nischer Kronprinz und einflussreicher Politiker, 574-622) in
seinen Werken »Buch von den Vorahnungen« und »Buch
von der Zukunft« tatsächlich prophezeit hatte, dass zu Beginn
des nächsten Jahrhunderts »die Erde sich neigen und große
Unruhen stattfinden« würden, bekam ich die Gewissheit,
dass ganz sicher der große Untergang kommen werde. Auch
die häufigen Zeichen meiner Mission, angefangen mit den,
mir von der afrikanischen Natur gesandten Zeichen, haben
daran nicht unerheblichen Anteil.

Die Tatsache, dass ich mit einer Mission betraut wurde und
mir durch die Praxis der *schöpferischen Kraft der Gedanken
und der richtigen Atmung* eine *Methode* zur Aktivierung
der *unerschöpflichen Kraft des Universums* aneignete, sind
Beweise dafür, dass ganz sicher eine Zeit kommen wird, in
der solche Kräfte nötig sein werden. Wenn ich mir außerdem die neuesten Trends der Welt und das Verhalten der
Menschen betrachte, dann sehe ich, wie sich die Situation
nur noch verschlimmert.

Die jungen Buben, die mit Messern auf andere losgehen, die
jungen Mädchen, die sich mit Prostitution ihr Taschengeld
aufbessern, junge Menschen, die zu Drogen greifen, und die
Eltern und Schulen, die sie nicht mehr auf die richtige Bahn
bringen können. Die Beamten, die seelenruhig Ungerechtig-
keiten begehen, die Menschen, die vor lauter Habgier immer

dicker werden und nicht mehr laufen können...Obwohl die Zivilisation fortschreitet, verfallen Kultur und Brauchtum und die Seelen der Menschen verwildern nur noch. Des Weiteren wird auch kaum darüber nachgedacht, dass wir die Umwelt, in der wir leben, mit Dioxin, saurem Regen und Umweltgiften, die auf den Körper wie Hormone wirken, verschmutzen.

Der Mensch scheint nur noch, wie ein Auto mit kaputten Bremsen, eine Sünde nach der anderen anzuhäufen. Ich habe das Gefühl, dass der Mensch sich selbst so weit in Bedrängnis gebracht hat, dass er erst aufwacht, wenn er unmittelbar mit der Katastrophe der großen Reinigung konfrontiert wird und vor das hohe Gericht gestellt wird.

Haben die Sünden der Menschen nicht bereits den kritischen Punkt überschritten? Da bin ich sicher nicht der Einzige, der das glaubt. Es gibt sicher sehr viele, die spüren: »So geht das doch nicht weiter« oder »So kann es doch nicht weitergehen«, egal, ob sie jetzt annehmen, dass alles auf eine Katastrophe zusteuert oder nicht.

Deshalb bin ich zu dem Schluss gekommen, dass die großen Unruhen zu neunundneunzig Prozent, nein sogar mit hundertprozentiger Sicherheit kommen werden. Ursprünglich habe ich mich dagegen gewehrt, dass die schlimmen Prophezeiungen zutreffen könnten. Diese endgültigen Untergangsprophezeiungen kamen mir vor, wie das »Wolf, Wolf« -Rufen des jungen Hirten, der mehrmals falschen Alarm schlug, bis niemand mehr darauf hörte. Allerdings geht die Geschichte bekanntlich so weiter, dass der Wolf dann wirklich auftauchte und den Hirten fraß, weil keiner mehr auf sein Rufen reagierte und ihm zu Hilfe kam. Ich möchte niemanden mit meiner Meinung erschrecken, aber ich fürchte, die Geschichte trifft auf uns zu und die Prophezeiung wird dieses eine Mal in Erfüllung gehen. Weil die Menschen so »schmutzig« geworden sind, dass sie eine große Reinigung nötig haben. Für Reformen ist es bereits zu spät. Die Welt muss von Grund auf neu aufgebaut werden. So sehr haben die Menschen das Haus, in dem sie wohnen, heruntergewirtschaftet. Das bedeutet, dass für einen Neubau das jetzige Gebäude abgerissen werden muss.

Ich denke, dass mehr als die Hälfte der Menschen nicht auf Anhieb verstehen, was die Prophezeiungen des Unterganges und der Reinigung aussagen sollen. Die Reaktionen werden sich in etwa wie folgt verteilen: Fünfzig Prozent dieser Menschen glauben überhaupt nicht an solche Dinge, dreißig Prozent schwanken zwischen Glauben und Zweifel, zwanzig Prozent glauben, dass die Prophezeiungen Wirklichkeit werden. Aber die Menschheit hat von alters her Prophezeiungen über den Untergang gemacht.

Im letzten Kapitel der Bibel, der Offenbarung des Johannes, kann man Ausdrücke wie »die Zeit naht« und »alles wird neu gemacht« lesen, und es ist ein Buch über die Prophezeiungen Christi über zahlreiche Katastrophen und seine Wiederkehr. Es wurde bereits vor über 1900 Jahren geschrieben. Des Weiteren verzeichnet Malachias (M.O. Morgair, irischer Theologe 1094/95 – 1148, A.d.Ü) um 1100 in »Geschichte der Päpste« eine Vielzahl an Prophezeiungen, und dann gibt es noch die Prophezeiungen in den Vierzeilern des berühmten Nostradamus. Edgar Cayce beschreibt in seinen Visionen, dass die Katastrophen in diesem Jahrhundert beginnen würden.

In dem, vor nicht allzu langer Zeit in Japan zu einem Bestseller gewordenen Buch »Fingerabdrücke der Gottheiten«, an der Stelle, an der die über die ganze Welt verstreuten alten Schriften und altertümlichen Schriftzeichen entziffert werden, steht geschrieben, dass unsere Nachkommen Schlimmes erleben werden. Es heißt dort, dass wohl der Anfang des nächsten Jahrhunderts eine solche Zeit sein wird.

Das 21. Jahrhundert ist der Anfang vom Ende – das ist zwar keine Prophezeiung, aber es gibt Geophysiker, die die Wahrscheinlichkeit, dass die Erdachse sich neigen könnte, aufzeigen. Wenn sich die Erdachse neigt, kommt es zu einer Verschiebung der Pole, und wenn man die Zusammenhänge zwischen den magnetischen Veränderungen der Erde und dieser Verschiebung der Pole untersucht, findet man auf der Erde Spuren von mehreren Verschiebungen der Pole in der Vergangenheit, und es scheint Daten zu geben, die zeigen, dass auch in naher Zukunft wieder so eine Polverschiebung stattfinden könnte.

Auch das kürzlich erschienene Buch »Der Bibel Code« muss als eine Sammlung solcher Prophezeiungen bezeichnet werden. Hier wird angenommen, dass Informationen über zukünftige Ereignisse vor dreitausend Jahren in der Bibel verschlüsselt wurden, und wenn man die, wie Puzzleteile versteckten Botschaften entziffert, dann sind die bedeutenden Ereignisse der Weltgeschichte, wie die Russische Revolution, die große Weltwirtschaftskrise, die ihren Ausgang an der Wall Street nahm, der Abwurf der Atombombe über Hiroshima, das Attentat auf Kennedy, der Golfkrieg und das große Erdbeben von Kobe, alle vorhergesagt worden.

Nach diesem Buch werden vom Jahr 2000 bis ins Jahr 2006 die, in der Apokalypse der Bibel beschriebenen, schrecklichen Prophezeiungen eine nach der anderen Wirklichkeit werden. Den Anfang wird ein Armageddon durch einen weltweiten Nuklearkrieg bilden, den Gnadenstoß werden große Erdbeben geben, und es heißt, dass das Zentrum nirgendwo anders sein wird, als in unserem Japan. Nach dem großen Erdbeben von Kobe bedroht ein noch viel stärkeres Beben Japan und es wird angedeutet, dass dies der entscheidende »Jüngste Tag« sein wird.

Egal in welches Buch der Prophezeiungen man schaut, alle gemeinsam zeigen auf, dass zu Beginn des 21. Jahrhunderts, auf einer globalen Ebene, große Unruhen stattfinden werden, anders ausgedrückt: »der Anfang des Endes« kommen wird.

Natürlich gibt es bei den Prophezeiungen solche, die Wirklichkeit werden und solche, die sich nicht bewahrheiten. Weil Prophezeiungen grundsätzlich ein starkes Element von Warnung beinhalten, gibt es auch Fälle, in denen die Menschen auf die Warnungen hören, ihre Handlungen korrigieren, und in denen daraufhin die schlechten Prophezeiungen nicht eintreten. In diesem Sinne können wir behaupten, dass es von unseren Handlungen abhängt, ob die Prophezeiungen eintreffen oder nicht. Wenn wir Buße tun, uns korrigieren, werden auch diese Handlungen zu Ursachen, welche ein gutes Ergebnis bringen.

Auch ich dachte bis vor kurzem so, dass, wenn viele Menschen die *schöpferische Kraft der Gedanken und der richtigen Atmung* übten und die darin integrierte *große Bekräftigung* einsetzten, könnte doch wohl die Katastrophe vermieden werden. Die Lage ist aber viel ernster, als wir uns vorstellen können, und ich korrigierte meine Gedanken dahingehend, dass selbst mit diesen Methoden die große Reinigung nicht zu vermeiden ist.

Aus den oben angeführten Gründen ist es jetzt bereits zu spät, auch wenn die Menschen ihre Einstellung ändern würden. Wir können nur das Urteil erwarten. So negativ, wie das jetzt auch klingen mag, und auch wenn man dies als einen blinden Alarm bezeichnen mag, bin ich doch zu diesem Schluss gekommen. Wenn man es wohl bedenkt, wenn doch der Schmutz ins Auge sticht, und überall Staub sich anhäuft, ist es doch eine an natürliche Vorsehung grenzende Selbstverständlichkeit, dass eine Großreinigung notwendig ist.

Deshalb, wenn ich mich entscheiden müsste, ob ich annehme, dass die Katastrophe kommt oder nicht, folgere ich, dass sie kommen wird.

Um neu wiedergeboren zu werden, ist eine vollständige Zerstörung notwendig

Das ist aber keine vollständige Zerstörung der Erde. Und es ist auch nicht das Ende der Menschheit. Es mag sein, dass Walhalla, die Götterburg, in Flammen aufgeht, wie in der Wagner-Oper, aber es wird keine endgültige »Götterdämmerung« werden.

Es wird eine groß angelegte Reinigung, ein Gericht. Deshalb werden Naturkatastrophen über uns hereinbrechen, Naturkatastrophen riesigen Ausmaßes; die Menschen werden rituell gereinigt werden und nachdem sie gebüßt haben, wird die Erde gesäubert sein, die Menschen werden von Grund auf erneuert werden, und es kommt eine Welt echten Friedens auf uns zu.

Tatsächlich ist für diese Wiederauferstehung eine Katastrophe nötig. Um neu wiedergeboren zu werden, ist die Zerstörung notwendig, und als einen Prozess auf dem Weg zur Wiedergeburt gibt es die Katastrophe. Das ist das so genannte »Kommen der Zerstörung, um wieder aufzubauen«.

Nach den großräumigen Verschiebungen der Erdkruste und den Naturkatastrophen wird die Erde sich wohl wieder stabilisieren und wieder Ruhe einkehren. Die Flammen werden sich beruhigen, das Hochwasser zurückgehen, das Meer wird wieder still werden. Sonnenlicht und Atmosphäre werden aufklaren, Gräser und Bäume werden grün leuchten, die Vögel wieder zwitschern. Der Schmutz und das Böse werden weggespült und die Erde wird neu auferstehen. Auch die Menschen werden dann ein neues Leben führen.

Zu diesem Zeitpunkt wird die Anzahl der Menschen abgenommen haben. In den Offenbarungen des Johannes heißt es, um die Hälfte, aber sie wird womöglich noch mehr abnehmen. Durch die Katastrophen werden die Menschen aussortiert werden und ihre Seelen werden gereinigt werden. Umgekehrt gesagt, nur die, für die Wiederauferstehung der Welt notwendigen Menschen werden überleben.

Im Prozess der Katastrophe werden bestimmte Menschen ihr Leben verlieren, andere verletzt oder tödlich krank werden, wiederum andere verhungern, und man wird Schwierigkeiten in verschiedenster Form erleben. Denn dadurch werden sie büßen und ihre Seelen gereinigt werden. Menschen, die diesen Reinigungsprozess durchlaufen, werden überleben und die neue Welt aufbauen.

Wenn ich so etwas sage, klingt das vielleicht wie der Gedanke des »auserwählten Volkes« wie in der Geschichte von der Arche Noah. Aber das ist nicht das Gleiche. Wer von uns überlebt – das wird nicht wie beim Auslosen, von den Gottheiten auserwählt. Wir wählen selbst. Wir sind selbstbestimmte Wesen und wählen aus freiem Willen den Weg der Wiederauferstehung. Wir reinigen uns selbst, und solche Menschen können dann im neuen Zeitalter leben.

Deshalb werden wir nicht von den Gottheiten auserwählt und es ist auch kein Zufall, sondern wir überleben als ein natürliches Ergebnis. Wir werden nicht von den äußeren Wellen der Reinigung gewaschen und dann erreichen wir schnell die Erleuchtung, sondern wir tun aus freiem Willen Buße und die gereinigten Menschen erhalten dann eine Eintrittskarte zur Wiedergeburt.

Nun, was machen die Gottheiten in dieser Zeit? Wird die *unerschöpfliche Kraft des Universums* für uns nicht die Katastrophe abwenden? Das gibt es nicht. Und warum? Weil es der Wille der Gottheiten, der *unerschöpflichen Kraft des Universums* ist, dass die Menschen die Katastrophen erleben und dann mit eigener Kraft die Erde von neuem aufbauen sollen.

167

Für die Gottheiten ist die Existenz der Erde und der Menschen genauso viel, wie die Existenz eines Sandkornes am Strand. Es heißt, dass es im Universum 10^{22} Planeten wie die Erde gibt, und alle stehen unter der immensen Vorsehung. Mit dieser riesigen Kraft ist es doch wohl ganz einfach, eine einzige Erde zu retten oder zu zerstören.

Die Gottheiten werden aber keines davon tun. Weil das Ganze derart angelegt ist, dass unter allen Umständen die Menschen aus eigenem Willen den Weg zum Wiederaufbau beschreiten müssen. Es hätte gar keinen Sinn, wenn es nicht so wäre. Wenn die Eltern die Hausaufgaben der Kinder machen, werden die Kinder überhaupt nichts lernen. Deshalb werden die Gottheiten nicht von selbst die Hände ausstrecken, sondern erwarten, dass die Menschen aus freiem Willen den ihnen zugedachten Prozess durchleben und die Erde die Wiedergeburt erlangt.

Die Große Bekräftigung

Nun, wie können die Menschen konkret, mit ihrem freien Willen das Übel überwinden und eine friedliche Welt erschaffen?

Das Üben der *schöpferischen Kraft der Gedanken und der richtigen Atmung* ist fast die einzige, und eine sehr wirkungsvolle Methode. Durch die *Methode* werden Körper und Geist gestärkt, und die *unerschöpfliche Kraft des Universums* im Körper angesammelt. Die Vorstellungskraft wird gestärkt und die unerschöpfliche Kraft des Universums aktiviert. Das ist die notwendige Bedingung, um die Katastrophen zu überwinden und die Erde wiederzubeleben.

Dabei ist es vor allem wichtig, die »*Große Bekräftigung*« auszusprechen. Ganz am Ende der *Methode* atmet man ruhig, das ist der Teil, in dem man, nachdem man mehrmals die

Abfolge – einatmen – Atem anhalten – ausatmen – Atemzug dazwischen – wiederholt hat, die Haltung beibehält und still und langsam atmet, und da diese Zeit normalerweise zur freien Verfügung steht, kann der Ausführende sie nach eigenem Ermessen nutzen, ich sage dabei innerlich Folgendes:

Die *unerschöpfliche Kraft des Universums* verdichtet sich, die Welt besteht nur noch aus wahrhaft Großem Frieden.

Das ist meine »*Große Bekräftigung*«. Während ich dies beteuere, führe ich mir die, von Frieden erfüllte Erde vor Augen. Diese »*Große Bekräftigung*« ist eine Methode, mit der die Krise der Erde überwunden und eine wahrhaft friedliche Welt geschaffen wird; sie wird zu einer starken Waffe.

Interessant ist hier, dass man bei der Bekräftigung nicht Ausdrücke des Bittens und der Gebete, wie zum Beispiel »damit eine nur noch friedliche Welt entstehen möge« oder »lass eine nur noch friedliche Welt entstehen«, sondern einen Ausdruck des vollendeten Zustandes »besteht nur noch aus wahrhaftem Frieden« verwendet. Auf der Ebene von Wünschen und Gebeten zu arbeiten, wäre in diesem Fall zu schwach. Man muss einen starken Ausdruck wie die Vorwegnahme des Zustandes wählen, eine Entscheidung fällen. Nur so können wir eine wahrhaft friedliche Welt, also eine Welt des großen Friedens, schaffen und erreichen, was wir uns wünschen.

Die Gründe dafür habe ich bereits dargelegt: Weil nämlich durch die Entscheidung des Geistes in diesem Augenblick sich eine starke Vision aufbaut, und diese Vorstellung bereits in der Welt der Quarks entsteht, allmählich durch die *unerschöpfliche Kraft des Universums* in der grobstofflichen Welt realisiert wird, sich dann in der sichtbaren Welt der Materie manifestiert und der Gedanke somit Wirklichkeit wird.

Ich bin der Überzeugung, dass, wer die »*Große Bekräfti-*

gung« ausspricht, ganz sicher die Katastrophen überwinden wird, um an dem Wiederaufbau teilzunehmen. Die »Große Bekräftigung« ist anders als das einfache Anrufen der Gottheiten oder das Rezitieren von Gebetsformeln, sie besitzt die ursprüngliche Kraft der Worte (Wortseele). Weil darin die *unerschöpfliche Kraft des Universums* gesammelt wird. Weil sich die *unerschöpfliche Kraft des Universums* darin verdichtet.

Wenn sich also nun die Anzahl der Menschen auf der Welt erhöht, welche die »*Große Bekräftigung*« rezitieren – das steht nun im Widerspruch zu dem, was ich vorher geschrieben habe – dann kann man sich vielleicht selbst in alle Ewigkeit vor den Naturkatastrophen schützen. Wenn die Vorstellungen von mehreren Millionen Menschen fokussiert werden, und aus ihren Mündern die »*Große Bekräftigung*« zu hören ist, werden vielleicht die Menschen, noch bevor die Naturkatastrophen eintreffen, erneuert und der Weltfrieden kann Wirklichkeit werden. Und wenn das unmöglich ist, so kann vielleicht doch der Schaden auf ein Minimum beschränkt werden. Ich habe großes Vertrauen darauf, dass die »*Große Bekräftigung*« eine solche Kraft hat.

Ich habe geschrieben, dass die »*Große Bekräftigung*« am besten während des ruhigen Atmens am Ende der *Methode* ausgesprochen wird, aber selbstverständlich kann sie immer und überall rezitiert werden.

Abends vor dem Einschlafen, beim Spazierengehen, im Zug … wo auch immer, wann auch immer und auch ohne die *Methode* zu praktizieren, kann man sich auf die »*Große Bekräftigung*« konzentrieren. Diese Worte sind wirksam, wie auch immer sie ausgesprochen werden.

Ich möchte noch etwas dazu sagen, dass die »*Große Bekräftigung*« das Wundermittel ist, um dem Unheil zu entgehen. Es ist ein kleines Beispiel, das aber sehr hohen symbolischen Gehalt hat.

Es ereignete sich auf Hokkaido in der Stadt Nemuro. Im

Februar 1997 wurde ganz Hokkaido, einschließlich Nemuro völlig eingeschneit. Ganze zwei Tage wütete der Schneesturm, hier und dort musste der Eisenbahnbetrieb eingestellt werden und die Bevölkerung konnte keinen Fuß mehr vor die Türe setzten. Und das schlimme Wetter hielt an. Am dritten Tag legte sich der Schneesturm endlich und als die Sonne wieder ihr Gesicht zeigte, mussten nun die Menschen beim Schneeschaufeln schwitzen. Da sich der Schnee bis in den ersten Stock hinauftürmte, war das Schneeräumen eine sehr anstrengende Arbeit.

Auch die in Nemuro lebende Frau S war keine Ausnahme, und während sie so bei sich dachte, dass sie dann halt wieder da und dort das Zipperlein plagen würde, nahm sie die Schneeschaufel zur Hand und öffnete die Haustür. Als sie da in der offenen Türe stand, da wusste sie nicht, wie das geschehen konnte, aber nur um ihr eigenes Haus und auf ihrem eigenen Dach lag kaum Schnee. In der Umgebung, die drei Häuser gegenüber waren zu mehr als mannshoch mit Schnee eingedeckt, und die Menschen dort kämpften erbittert mit den Schneemassen.

Nur wo das Haus von Frau S stand, war ein Loch in den Schneemassen. Deshalb war sie auch von der Plage des Schneeräumens verschont geblieben. Ihr Ehemann fand das komisch und schüttelte den Kopf: »Durch die Windrichtung ist nur unser Haus nicht eingeschneit worden«, und so etwas passiert doch nicht aus reiner Laune der Natur. Die Häuser gleich daneben waren ja doch völlig mit Schnee zugedeckt worden. Das ist ja völlig unerklärlich.

Frau S konnte sich die Sache nur durch eines erklären: Am zweiten Tag des Schneesturmes hatte sie begonnen, an die »Große Bekräftigung« zu denken. Frau S, die vor etwa zwei bis drei Monaten mein Buch im örtlichen Buchladen in die Hände bekommen hatte, hatte es zusammen mit einigen anderen Büchern gekauft, es gelesen, mit den Übungen zur *unerschöpflichen Kraft des Universums* begonnen und gleichzeitig mit der Rezitation der »Großen Bekräftigung«.

Als ein Beispiel für die sofortige Wirksamkeit der »Großen Bekräftigung« hielt Frau S dieses seltsame Erlebnis in einem Brief fest, der über den Verlag in meine Hände gelangte. Als ich diesen Brief gelesen hatte, fielen mir sofort verschiedene Interpretationen ein, aber ich hatte vor allem das Gefühl, dass es eine symbolische Bedeutung hatte und in diesem Sinne ein sehr gutes Beispiel für die »*Große Bekräftigung*« als einer Schutzmauer gegen Unheil war.

Die »*Große Bekräftigung*« wurde zu einem Schirm, der nur das Haus von Herrn und Frau S vor dem Schnee schützte. Sie hat ihnen geholfen, das Unheil des Schneesturmes zu überleben. Das dürfte doch wohl ein kleiner Hinweis darauf sein, dass die »*Große Bekräftigung*« auch großes Unheil, das die ganze Erde heimsuchen wird, überwinden kann. Es ist nur ein ganz kleines Beispiel, aber Schneestürme und Katastrophen haben ähnliche Formen, und die »*Große Bekräftigung*« hat die Wirkung, beide Formen von Unheil zu überwinden. Ich fühlte ganz deutlich, dass dies ein Beweis dafür ist.

Von kleinen Angelegenheiten kann man einen Analogieschluss auf große Angelegenheiten ziehen. Ich habe gesagt, dass der menschliche Körper eine Miniaturausgabe des Universums ist. Was im Universum passiert, das ereignet sich auch im menschlichen Körper. Und umgekehrt: Was sich im menschlichen Körper ereignet, das kann auch seinen vergrößerten Schatten ins Universum werfen.

Auch wenn es einen Größenunterschied gibt, so ist doch das Prinzip das gleiche, eine kleine Sache ist ein getreues Abbild einer großen Sache. Das Beispiel von Frau S besitzt auch eine Struktur, die man einfach als eine Gegenstrategie verwenden kann, um die groß angelegten Katastrophen von Weltausmaß zu überwinden.

Ich habe einen Teil der *unerschöpflichen Kraft des Univer-*

sums aktiviert, um meinen Körper jung zu halten, also ein Wunder an meinem eigenen Körper bewirkt. Wenn man genauso mit der »*Großen Bekräftigung*« einen weltweiten Einfluss nähme, so sollte es auch möglich sein, das große Unheil auf der Erde zu überwinden.

Die Wortseele

Die *unerschöpfliche Kraft des Universums* verdichtet sich, die Welt besteht nur noch aus wahrhaft Großem Frieden.

Diese »*Große Bekräftigung*«, das sind starke, hohe, tiefsinnige, großartige Worte, Worte, die uns vor dem großen Unheil bewahren und den Weg zum Weltfrieden ebnen.

Worte haben Kraft. In Japan glaubt man seit dem Altertum an die Kraft der Worte, jeder einzelnen Silbe wird Leben zugeschrieben. Wenn man zum Beispiel das »i« ausspricht, entsteht dabei die Kraft des »i«. Die Japaner dachten schon immer, dass jedes einzelne Wort seine eigenständige Kraft und Funktionsweise hat. Das ist die so genannte Wortseele.

Deshalb hat ein Satz, der aus diesen Worten zusammengesetzt ist, ebenfalls Kraft. Die »*Große Bekräftigung*« besteht nur aus den Worten eines zweizeiligen Satzes, aber sie hat eine große Kraft und viel Leben.

Auch das Christentum betont die Kraft der Worte. Wie bereits erwähnt, beginnt das Johannes-Evangelium mit dem berühmten Satz »Am Anfang war das Wort«. Das Wort ist Gott; alle Dinge entstehen aus dem Wort; das Wort besitzt Leben.

Diese Kraft der Worte, in denen die Kraft des Lebens und der Verwirklichung verdichtet ist, ist auch in der »Großen Bekräftigung« enthalten. Diese »*Große Bekräftigung*« sich vorzustellen, heißt auch, Wohltaten im Himmel zu sammeln. Diese Wohltaten werden verdoppelt zurückerstattet, sie kommen in irgendeiner Form zu dem Betreffenden zurück. Im Grunde sollte man die »Große Bekräftigung« um ihrer selbst willen sprechen oder sich vorstellen und nicht im Hinblick auf eine Belohnung, aber da es für mich auch in Ordnung ist, einen Lohn zu nehmen, möchte ich Sie doch bitten, sich die »Große Bekräftigung« vorzustellen, egal aus welchen Motiven heraus.

Wenn auf diese Art und Weise die Zahl der Menschen zunimmt, welche die »Große Bekräftigung« rezitieren, wird sich die Kraft der Worte zusehends intensivieren, und wie das Gasförmige flüssig wird und sich vor unseren Augen zu einem Feststoff verdichtet, so müsste auch der Weltfrieden Wirklichkeit werden können. Es ist nicht notwendig, dass die gesamte Weltbevölkerung es sich vorstellt und darum betet. Ich denke, dass, wenn auch nur ein Zehntel davon die »Große Bekräftigung« rezitiert, der Weltfrieden realisiert werden kann.

Als ich noch mit einfachen Worten und nicht der »Großen Bekräftigung« um den Weltfrieden betete, habe ich einmal ausgerechnet, dass etwa 700 Millionen Menschen genauso wie ich beten. Angefangen von den verschiedenen Friedensorganisationen und religiösen Organisationen – nimmt man alle Menschen, die um Frieden beten zusammen, schätzte ich, müsste ungefähr diese Zahl erreicht werden.

Als einer dieser 700 Millionen habe ich länger als vierzig Jahre um den Weltfrieden gebetet, aber bis heute ist er noch nicht eingetreten. Wenn es nun aber nicht nur einfach irgendein Gebet ist, sondern die »Große Bekräftigung«, wird die Wortseele noch verstärkt und erhält auch noch Unterstützung durch die *unerschöpfliche Kraft des Universums*. Deshalb sollte dadurch die Verwirklichung des Weltfriedens möglich sein. Das Ziel sind zehn Prozent der Weltbevölkerung, und weil diese derzeit bei 5,8 Milliarden liegt, reicht es, wenn 580 Millionen Menschen die »Große Bekräftigung« rezitierten.

Das ist nicht so schwer zu erreichen. Wenn die 700 Millionen Menschen vom Gebet zur »Großen Bekräftigung« wechselten, würden wir diese Zahl leicht erreichen. Wie wäre es, wenn auch Sie, verehrte Leserin, verehrter Leser, die »*Große Bekräftigung*« rezitieren würden? Bitte nehmen Sie es als meinen letzten Wunsch. Es sind nicht nur Worte, um den Rezitierenden zu retten, sondern die ganze Erde.

Die »subtile Kraft der Milliarden« wirkt

Die Tatsache, dass unser Wunsch nach Frieden in Erfüllung gehen wird, wenn nur ein Zehntel der Weltbevölkerung darum betet, bedeutet umgekehrt auch, dass für die Welt des Friedens zentrale Persönlichkeiten und Führer unnötig sind.

Weltfrieden bedeutet nicht, dass nur eine geringe Anzahl von Helden, Erleuchteten oder Heiligen unter Fahnenschwenken geboren werden. Notwendig ist das Zusammenziehen der Kräfte der gewöhnlichen Menschen. Der Weltfrieden tritt erst ein, wenn »alle Normalbürger« den Frieden wollen und sich dafür einsetzen. Nicht das Ziehen eines, mit der Kraft von einer Million Menschen ausgestatteten Einzelnen, sondern vielmehr die Unterstützung von einer Million Menschen, jeder mit seiner eigenen Kraft, hilft den wahren Frieden, den Weltfrieden zu verwirklichen.

Wir brauchen keinen herausragenden Führer. Nein, je mächtiger eine solche Persönlichkeit ist, desto mehr würde sie schaden. Die Menschen würden begierig sein, seinen Körper zu berühren, die Manifestation seiner Macht und Wunder erwarten, und hoffen, dass etwas für sie dabei abfällt. Die Menschen würden nicht selbst beten, sondern sich auf einen anderen verlassen.

Schließlich würden sie von ihm auch Kontrolle und Führung erwarten. Eine solche Rettung durch Glauben ist dasselbe, wie die Götter in schwierigen Situationen anzubeten. Dabei braucht man selbst nichts zu tun.

Die Geschichte hat bewiesen, dass das Anbeten von einzelnen Personen, wie Hitler oder Stalin, keine guten Ergebnisse hervorbringt. Das verwandelt sich leicht in einen, von einem einzigen »Wolf« angeführten Faschismus. Und selbst wenn es nicht so schlimm wird, verfällt man doch einer eingeschränkten Sichtweise des Sektierertums und des Ausschließlichkeits-Prinzips. Menschen, die die eigenen Regeln nicht befolgen, werden als Feinde angesehen, man will sie verfolgen und ausrotten. Im Ergebnis wird man an dem, vom Frieden am weitesten entfernten Punkt angelangen.

Deshalb dürfen einzelne Personen nicht verehrt werden. Solange man von Einzelpersonen angeführt wird, wie hervorragend diese Persönlichkeit auch sein mag, sie hat eben nur die Fähigkeiten einer Einzelperson. Was nötig ist, sind die Gedanken des gesamten Volkes. Die Vereinigung dieser gesamten Gedanken. Je größer die Aufgabe ist, desto wichtiger wird es, »die subtile Kraft aller zusammenzuziehen«. Viel mehr als Menschen, die die Geschichte ziehen, brauchen wir Menschen, welche die Geschichte unterstützen, sie schaffen.

Und um die Kraft des ganzen Volkes zusammenzuziehen, müssen wir sanfte Methoden und Mittel einsetzen. Man kann keine große Kraft mit schwierigen Dogmen und Methoden zusammenziehen, die nur ein Teil der Menschen, die Elite und die Reichen verstehen.

Ich brauche hier nicht zu wiederholen, dass die *schöpferische Kraft der Gedanken und der richtigen Atmung* und die »*Große Bekräftigung*« diese Bedingungen erfüllen. Das kann sogar ein Normalbürger sofort ausüben, da es eine kontinuierliche, einfache und gewöhnliche *Methode* ist. Es ist der wirksamste Sammelbehälter für die Gedanken aller Menschen und die *unerschöpfliche Kraft des Universums*.

Es gibt einen Sinnspruch: »Das extrem Hohe trifft auf das extrem Flache, das überaus Schwierige trifft nicht auf das

176

überaus Einfache«. Die weit entfernte Wahrheit wohnt im ganz Alltäglichen, mit einfachen Handlungen beeinflusst man die allerschwierigsten Sachverhalte. Ich möchte Sie, verehrte Leserin, verehrter Leser, darum bitten, wenn möglich, jetzt hier sofort die »Große Bekräftigung« zu rezitieren. Ich wünsche mir, dass Sie damit den Weg zur Rettung der Erde wählen. Setzen Sie die Weisheit des Universums ein und beginnen Sie dabei bei sich selbst.

Der Große Frieden

Ich habe bisher das Wort »Frieden« benutzt, aber was wir der Erde bringen müssen, ist in Wirklichkeit der »Große Frieden«. Was ist der Unterschied zwischen dem »Großen Frieden« der »Großen Bekräftigung« und dem »Frieden«? Einfach ausgedrückt, umfasst der Begriff »Großer Frieden« den Frieden der drei Elemente Mensch, Himmel und Erde. Er bedeutet den Frieden der gesamten Welt.

Auch wenn Krankheiten, Armut und Krieg von der Welt verschwinden würden, wäre der Frieden noch nicht hergestellt, da noch immer Naturkatastrophen wie Erdbeben, Vulkanausbrüche und Hochwasser vorkommen würden. Und solange das abnormale Klima und die Umweltverschmutzung weitergehen, kann der »Große Frieden« nicht verwirklicht werden. Wenn nicht nur der Frieden in der menschlichen Welt einkehrt, sondern auch unter den Lebewesen und Dingen neben dem Menschen, bei allem, was zwischen Himmel und Erde existiert, dann erst entsteht eine Welt voller »Großem Frieden«.

Es sind die Menschen, welche die Aufgabe übernehmen, diesen »Großen Frieden« in der Welt zu schaffen. Wir, die wir jetzt auf dieser Erde stehen, keiner anderen als dieser, durch Menschensünden vor der Krise der Zerstörung stehenden

Erde, haben die Pflicht, dieser Erde den »Großen Frieden« zu bringen. Als erste Mittel dazu müssen wir die *schöpferische Kraft der Gedanken und der richtigen Atmung* üben und die »*Große Bekräftigung*« rezitieren, und so die Macht der *unerschöpflichen Kraft des Universums* aktivieren.

Auch wenn zunächst einmal die Anzahl der Menschen, die dieses tun, sehr gering sein wird, werden – genauso wie ein Stein, der in den Teich geworfen wird – die Gedanken der Wahrheit ganz sicher Wellen auslösen und sich weit verbreiten; davon bin ich fest überzeugt. Jede Wahrheit für alle Menschen beginnt mit einem Teil der Wahrheit. Zuerst werden ein paar Menschen aufwachen, und wenn sie zu handeln beginnen, wird – auch wenn es etwas dauert – sich schließlich das gesamte Bewusstsein und die gesamte Wertvorstellung ändern.

Wenn zehn Prozent der Menschen aufwachen würden, müsste sich die Welt ändern und der Weltfrieden müsste zu verwirklichen sein. Hierin liegt meine Mission. Ich hätte gerne, dass möglichst viele Menschen von der *schöpferischen Kraft der Gedanken und der richtigen Atmung* und der *unerschöpflichen Kraft des Universums* erfahren und dies nützen, um den Weg zu einer Welt voller Frieden einzuschlagen. Das ist die letzte Aufgabe dieses alten Mannes in dieser Welt.

Ich habe Ihnen von meinen seltsamen Erfahrungen in Afrika und am Mont Blanc erzählt. Ich kann es im Wesentlichen so ausdrücken: Ich habe dort die Stimme der Erde vernommen. »Du sollst den Anstoß zur Übung geben und damit die Gedanken verbreiten, um den ›Großen Frieden‹ zu verwirklichen!« Das war auch die Stimme aus dem Universum und vielleicht war es auch der Klang der Stimme meines eigenen Lebens.

Wenn man die Weisheit und die Kraft des Universums tief in seinen Körper einatmet, bringt man das menschliche Leben in Einklang mit dem Lebensprinzip, mit der Harmonie.

Dann bekommt man für seinen Körper und Geist die volle Vitalität und Gesundheit und lebt richtig, entsprechend der ursprünglichen Ausrichtung des Lebens. Man harmonisiert den Atem und erhält den rechten Geist. »Zunächst einmal musst du selbst so leben. Und dann lehre dies die anderen Menschen.« Ich denke, dass ich eine Stimme gehört habe, die so zu mir sprach.

Zuletzt möchte ich eine meiner Lieblingsgeschichten erzählen, bevor ich den Stift weglege. Es ist eine Erinnerung des Astronauten, der erstmals den Mond betrat:

»Auf der Mondoberfläche reihten sich graue Bergketten und Hügel aneinander. Über dem Horizont tauchte das schwarze Weltall auf. Nichts bewegte sich. Kein Wind wehte. Aber ich fühlte mich so sicher, als ob ich in meiner Heimatstadt wäre. Es war, als ob gleich hinter mir ›Gott‹ stünde und ich blickte mehrmals über die Schulter meines Weltraumanzuges.«

Hinter uns wie vor uns, um uns auf der Erde herum, ist überall die unerschöpfliche Weisheit des Universums vorhanden. Wir müssen uns wünschen, dass sie sich manifestiert und sie aktivieren.

Die genaue Beschreibung der Methode

Hier stelle ich Ihnen konkret vor, wie man die *schöpferische Kraft der Gedanken und der richtigen Atmung* übt. Die *Methode* besteht aus den beiden Teilen des aufrichtigen Geistes und der harmonischen Atmung. Der aufrichtige Geist ist der richtige Einsatz des Geistes, die harmonische Atmung ist eine besondere Art der Bauchatmung. Hier wird die »*Große Bekräftigung*« eingebaut.

Der aufrichtige Geist
Es gibt viele Arten, den Geist richtig einzusetzen, aber es ist besonders wichtig beim Einsatz des Geistes im Alltagsleben sich zu bemühen, die folgenden drei Einstellungen beizubehalten:

1. Über alle Dinge positiv denken
   Es gilt gewohnheitsmäßig die Dinge positiv zu betrachten. Wenn man sich für eine Sichtweise entscheiden muss, dann sollte man die positive wählen. Dadurch werden auch die Handlungen aktiv. Selbst wenn es mit einem Misserfolg endet, sollte man nichts bereuen, sondern sich bemühen, seine Lehren für die Zukunft daraus zu ziehen.
2. Niemals die Dankbarkeit vergessen
   Man sollte allem in seiner Umgebung ständig Dankbarkeit erweisen. Wenn man diese Einstellung hat, wird einem bewusst, dass es sehr viele Dinge in der Umgebung gibt, für die man dankbar sein kann. Wenn man zunächst die Gewohnheit entwickelt, auch noch so kleinen Dingen gegenüber dankbar zu sein, kann man schließlich aus ganzem Herzen dankbar sein.

3. Nicht nörgeln
In der Welt gibt es nichts, das für einen selbst unnütz ist. Auch was einen Verlust bringt, was Schaden bringt, was Leid zufügt, wenn man es genau betrachtet und darüber nachdenkt, so gibt es garantiert etwas, was man daraus ziehen, was man daraus lernen soll, etwas für einen selbst, das einem weiterhilft. Im menschlichen Leben gibt es nichts Unnützes.

Die harmonische Atmung
Es ist eine Art von Bauchatmung. In Japan wurden von alters her verschiedene Atemtechniken gelehrt, und nach langjähriger Forschung und Übung habe ich die jeweiligen Stärken zu einer bestimmten Form verdichtet und daraus eine fast perfekte Bauchatemtechnik entwickelt. Wenn man also nur diese Atemtechnik übt, kann man eine große Wirkung in der Gesundheit und dem Schutz vor Senilität erzielen. Das Wichtigste für die Wirkung ist die kontinuierliche Übung.

1. Haltung
(a) Mit geradem Rücken sitzen: Wenn man den Rücken stets gerade hält, kann die Luft bis in die Spitzen der Lunge gelangen. Es ist wichtig, dass man dabei den Rücken mühelos aufrecht halten kann, sich also nicht verkrampft. Dabei kann man auf einem Stuhl sitzen, dabei den Rücken nicht anlehnen und auch die Arme nicht auf die Lehnen legen, oder im Schneidersitz oder einem Meditationssitz.
(b) Die Ellenbogen im rechten Winkel anwinkeln und die Hände falten: Man faltet die Hände so, als ob man einen kleinen Ball umfassen würde. Das nennt man das Mudra der Glocke. Dabei bildet die linke Hand eine lockere Faust (bei Linkshändern die rechte), die Finger der anderen kommen darauf zu liegen, und die Daumen liegen übereinander.

Kranke und schwache Menschen können auch auf dem Rücken liegend üben. In diesem Fall faltet man die Hände nicht, sondern streckt sie seitlich neben dem Körper aus, die Handflächen nach unten auf der Matratze.

Beschreibung der Bilder:
Die Haltung bei der Praxis der *schöpferischen Kraft der Gedanken und der richtigen Atmung*

- Setzen Sie sich mit geradem Rücken hin, lehnen Sie sich nicht an und stützen Sie die Ellenbogen nicht an den Armlehnen ab.

- Das Mudra der Glocke: Falten Sie die Hände, als ob sie einen kleinen Ball umfassen würden.

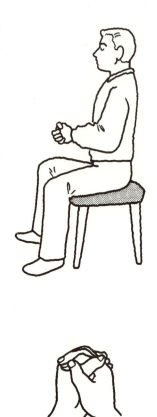

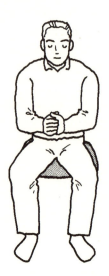

2. Atemtechnik

Man atmet in der Reihenfolge: Einatmen – Atem anhalten
– ausatmen – kurzer Atemzug – (25 mal)
Danach: stilles Atmen (10 mal).

(a) Einatmen: Man atmet still durch die Nase ein, bis tief
in die Lunge hinein. Wenn man normal atmet, atmet man
nur in den oberen Teil der Lunge ein, doch indem man
sich darauf konzentriert, tief in den Unterbauch, ins Hara
zu atmen, füllt man die Lunge vollständig mit Luft. Diese
Bauchatmung wird mit fortschreitender Übung immer leichter
und natürlicher, die Atemkapazität steigert sich.

(b) Atem anhalten (Atem anhalten und Kraft in den Unterleib fließen lassen): Die reichlich eingeatmete Luft wird
durch das vollständige Senken des Zwerchfelles bis in den
Unterleib (das Hara), das Zentrum des Körpers gebracht
und dieses angespannt, während man den Atem anhält.
Normalerweise meint man mit »Zentrum des Körpers« die,
hinter dem Nabel liegende Gegend der Bauchdecke, aber
bei dieser Atemtechnik bezeichnet man damit einen weiter innen, mitten zwischen dem Rücken und dem Bauch
liegenden Bereich, in den man die Luft leitet und den man
anspannt. Des Weiteren sollte man dabei auch nicht vergessen, den After fest zu verschließen. Man hält die Luft
einige Sekunden – bis zu zehn Sekunden – an, so lange wie
es bequem geht.

(c) Ausatmen: Man atmet still durch die Nase aus. Man
entspannt den Bauch so, dass er einfällt und atmet möglichst
vollständig aus.

(d) Kurzer Atemzug: Man atmet einmal normal.

(a) bis (d) bilden einen Zyklus, den man fünfundzwanzig
Mal wiederholt. Wenn es für alte Menschen und Kranke
schwierig ist, die Zyklen in einem Ablauf durchzuführen,
können sie sie auch aufteilen und mit Pausen dazwischen
üben, bis sie die fünfundzwanzig Mal erreicht haben.

(e) Stilles Atmen (still normal atmen): Nachdem man den Zyklus fünfundzwanzig Mal wiederholt hat, atmet man still, langsam und tief zehn Mal normal weiter. Da diese Zeit zur freien Verfügung steht, kann man auch einfach nur so sitzen bleiben, Kranke können sich auch vorstellen, dass ihre Krankheit geheilt sei. Es ist auch möglich, seine eigene Affirmation zu kreieren – »Mein Zorn ist verflogen«, »Ich bin eins mit dem Universum« usw. – so etwas kann man sich auch vorstellen. Es ist auch in Ordnung, einen Zustand ohne Vorstellung und ohne Gedanken anzustreben, bei dem man an nichts Besonderes denkt. In dieser Zeit empfehle ich Ihnen, wie bereits beschrieben, sich die »Große Bekräftigung« vorzustellen. Wie das geht, lesen Sie bitte im folgenden Abschnitt zur »Großen Bekräftigung« nach.

Wenn man auf diese Art und Weise die Atemtechnik wiederholt übt, wird der Geist ganz ruhig, Körper und Geist werden gekräftigt und die Seele wird klar. Man gelangt in den Besitz von Ruhe und Sicherheit, in so genanntem Gewahrsein kann man mit allem gelassen und ruhig umgehen.

3. Vorstellung (Die Kraft der Seele benutzen)

(a) Während des Einatmens wird die *unerschöpfliche Kraft des Universums* im Hara gesammelt und dann stellt man sich vor, dass sie im ganzen Körper verteilt wird.

(b) Während man die Luft anhält, stellt man sich vor, dass man kerngesund ist, und Kranke stellen sich vor, dass diese Krankheit geheilt ist.

(c) Während des Ausatmens stellt man sich vor, dass man alle Abfallstoffe ausatmet, der ganze Körper sauber ist, und man sich von innen heraus verjüngt (junge Menschen brauchen sich nicht vorzustellen, dass sie sich verjüngen).

(a) bis (c) werden entsprechend dem Atemzyklus fünfundzwanzig Mal wiederholt. Menschen mit mehreren Krankheiten, teilen die Atemzyklen, wenn man also fünf Krankheiten hat, wiederholt man die Vorstellung fünf Mal für jede Krankheit. Und völlig gesunde Menschen wiederholen fünfundzwanzig Mal »Mein ganzer Körper ist völlig gesund«.

4. Innenschau (Mit den Augen der Seele sehen)
Man betrachtet sich die Vorstellung mit den Augen der Seele. Wenn man sich zum Beispiel vorstellt, dass eine Entzündung des Kniegelenkes geheilt ist, so hat man eine Vision davon, wie das Knie vollständig geheilt ist und man leichten Fußes läuft. Wenn man unter Schlaflosigkeit leidet, malt man sich aus, wie man ganz fest unter der Bettdecke schläft.

Die »*Große Bekräftigung*«
Wie ich bereits erwähnt habe, stellt man sich während des stillen Atmens die »*Große Bekräftigung*« vor.

Die *unerschöpfliche Kraft des Universums* verdichtet sich, die Welt besteht nur noch aus wahrhaft Großem Frieden.

Hier stelle ich mir, unabhängig von der Anzahl der Atemzüge, zehn Mal ganz intensiv vor, wie die Welt von Frieden erfüllt ist.

Ab Herbst 2003 erscheint im RiWei-Verlag GmbH ein Video zu den Übungen. ISBN 3-89758-211-2 Tel: 0941-793842

Statt eines Nachwortes

Ich habe in diesem Buch mit Beispielen aus den Erfahrungen meines 96-jährigen Lebens dargelegt, wie man durch die *Praxis der schöpferischen Kraft der Gedanken und der richtigen Atmung* sein Leben, angefangen von Gesundheit und einem langen Leben bis hin zum Schicksal, frei leben kann. Allerdings denke ich, dass Sie als aufmerksamer Leser, die Tatsache, dass die Verbesserung des Lebens der Einzelnen ein Nebenprodukt ist und dass die *Methode* und die »*Große Bekräftigung*« zu wichtigeren Zwecken eingesetzt werden sollten, sicher bereits verstanden haben.

Bis jetzt lebten wir im Zeitalter des Individuums. Das bedeutet, es war ein Zeitalter, in dem jeder sein eigenes Glück suchte. Bis jetzt war das auch in Ordnung. Aber man kann durchaus sagen, dass wir nun in ein Zeitalter gekommen sind, in dem man an das Ganze denken muss. Welche Aufgaben muss man selbst in der Welt übernehmen? Das muss man sich zuerst selbst überlegen. Das Glück der ganzen Welt muss zuerst kommen.

Da auch im Körper des Menschen das Herz die Aufgaben des Herzens, die Nägel diejenigen der Nägel, die Haut diejenigen der Haut übernimmt, ist der Mensch gesund. Selbst die Bakterien im Darm übernehmen eine Aufgabe. Würde einer dieser Teile anfangen, eigenwillig zu handeln, was würde dann passieren? Zumindest dieser Teil, vielleicht sogar der ganze Körper, würde wohl schnell wegsterben.

Genau betrachtet, machen wir jedoch genau das auf der Erde. Alle denken nur an sich selbst, weil sie nur so leben, wie ihr Ego es sich einbildet. Der menschliche Körper ist eine Miniatur der Erde. Man kann sogar sagen, dass die Welt die Projektion des Menschen ist. Deshalb besteht der Weg zu einem glücklichen Leben darin, zuerst an die ganze Welt zu denken. Die Praxis der *schöpferischen Kraft der Gedanken und der richtigen Atmung* und die »*Große Bekräftigung*« sind gute Methoden dazu.

Jetzt steht die Erde am Rande einer großen Krise. Um dies publik zu machen, werden Vorhersagen, dass vom Ende des zwanzigsten Jahrhunderts bis in den Anfang des nächsten Jahrhunderts hinein die Erde von großen Unruhen heimgesucht werden wird, noch stärker verbreitet. Wie ich erläutert habe, habe ich von diesen Vorhersagen bereits vor fünfzig Jahren gehört, aber erst vor kurzem sind in diesem Zusammenhang in meinem Umfeld seltsame Dinge passiert.

Vor mehr als fünfzig Jahren habe ich von Ômine-san ein Amulett erhalten. Es erschien ganz plötzlich vor meinen Augen während ich mich mit Ômine-san unterhielt. Ich habe eine Münze aus der Edo-Zeit (1603-1867) und meine Frau eine Perle bekommen. Damals wurde mir gesagt: »Trage es am Körper, weil es dich schützen wird.« Ich habe die Münze in einen kleinen mit einer Schnur versehenen Beutel gesteckt und außer in der Badewanne immer am Körper getragen, sie aber bald verloren.

Im Jahre 1996 jedoch ist dieses Amulett nach etwa 51 Jahren wieder ganz plötzlich bei mir aufgetaucht. Das war am 20. Mai. Als ich die Schublade meines Schreibtisches öffnete, lag darin dieses Amulett. Es steckte sogar noch im selben Beutel wie vor 51 Jahren, und auch dieselbe Schnur war noch dran. Da habe ich den alten und schmutzig gewordenen Beutel durch einen neuen ersetzt, auch eine neue Schnur daran befestigt und die alte in den Abfall geworfen. Da ich in einem Apartmentgebäude wohne, wurde der Müll am nächsten Tag abgeholt und müsste doch in die Müllverbrennungsanlage gefahren worden sein. Als ich aber am 5. Juni vor meinem Schreibtisch stand und plötzlich nach unten sah, lag die Schnur, die ich doch weggeworfen hatte, säuberlich aufgerollt auf dem Boden. Ich sagte ohne zu überlegen:

»Du bist zurückgekommen, dann können wir uns wohl nicht trennen« und hob sie auf und so hängt die alte Schnur, um die neue gewickelt, an meinem Hals.

Etwas später, am 9. Juni, tauchte auch die Perle, die meine Frau verloren hatte, in derselben Schublade wieder auf. Als sie die Perle erhalten hatte, hatte meine Frau sie in ein Medaillon an einer Kette gelegt und in den Schrein zu Hause eingesperrt. Aber vor neun Jahren war das Medaillon samt Perle verloren gegangen. Diese tauchte nun in meiner Schublade, auf der kleinen Schachtel, in der sich mein Amulett befunden hatte, auf.

Was mir mit diesem Vorfall ganz deutlich bewusst wurde ist, dass die großen Unruhen ganz sicher die Erde heimsuchen werden. Ich habe es als eine Nachricht aufgefasst, dass ich das Amulett gut am Körper befestigen, das kommende Unglück vertreiben und die mir gegebene Mission vollenden solle. Dafür sind die Praxis der *schöpferischen Kraft der Gedanken und der richtigen Atmung* und die »Große Bekräftigung« unabdinglich.

Hier möchte ich mit lauter Stimme verkünden: »Übt die *schöpferische Kraft der Gedanken und der richtigen Atmung,* schafft starke Visionen von der »*Großen Bekräftigung*« und bereitet Euch damit auf die bald hereinbrechenden großen Unruhen vor. Wenn man das tut, kann man alles, was da kommen mag, ganz locker überstehen, und außerdem die danach kommende Welt des wahren Friedens schaffen.

Liebe Leserinnen und Leser, ich bitte Sie herzlichst darum.

3. Juni 1998
Shioya Nobuo

Masaru Emoto
Die Botschaft des Wassers
gebunden, 144 Seiten Bildband
€ 25,00 ISBN 3-929512-21-1

Masaru Emoto
Die Antwort des Wassers
Band 1 ISBN 3-929512-93-9
Band 2 ISBN 3-929512-98-X
jeweils € 17,40
geb., 176 Seiten, 64 Farbseiten

Masaru Emoto ist mit seiner Erfindung, der Wasserkristallfotografie ein Durchbruch gelungen: Was sensitive Menschen immer schon spürten und Homöopathen seit Jahrhunderten nützen – dank der Wasserkristall fotografien ist es eindrucksvoll sichtbar, dass das Wasser Informationen verschiedenster Art aufnimmt – selbst ein Gedanke überträgt sich auf das Wasser und verändert es.

In diesem Buch legt Masaru Emoto sein faszinierendes Weltbild dar. Er erklärt die Erkenntnisse, zu denen er gelangte, indem er die Ergebnisse der modernsten wissenschaftlichen Forschung mit den Resultaten verband, die er aus seinen eigenen langjährigen Wasserforschungen gewonnen hat.

Emotos zentrales Anliegen, für das er sich mit aller Kraft einsetzt, ist die Heilung des Wassers, der Menschen und der Erde. Den Weg dazu zeigen uns die wunderschönen Wasserkristallfotografien, insbesondere die von Liebe und Dankbarkeit. Sie beweisen, dass wir selbst, mit einfachsten Mitteln, schöpferisch und heilend wirken können.

Bärbel Mohr

Natürlich Gesund

In diesem Buch bietet Bärbel Mohr eine anregende Vielfalt von Wegen zur Gesundheit. Sie präsentiert gezielt nur Methoden, die zum einen nicht allgemein bekannt sind und mit denen sie zum anderen selbst gute Erfahrungen gemacht hat.
Ihr fundiertes Wissen über die einzelnen Methoden, verbunden mit den Schilderungen ihrer eigenen Erfahrungen, lassen dieses Buch zu einem spannenden Schmöker werden.
ISBN 3-929512-95-5
Pb., 240 Seiten € 17,40

Roy Martina

Emotionale Balance

Dr. Roy Martina konnte in seiner Praxis als Arzt feststellen, dass bei vielen körperlichen und geistig-seelischen Symptomen eine Emotion dahinter stand, die den Heilungsprozess behinderte. Emotional Balancing ist eine einzigartige und revolutionäre Methode und basiert auf dem uralten Wissen über die feinstofflichen Energiekanäle im Menschen. Es lässt sich leicht erlernen und zeigt uns auf einfache Weise die Beziehung zwischen unserem körperlichen Befinden und unserem Verhalten.
Gebunden, 368 Seiten,
€ 21,00   ISBN 3-929512-25-4

Daniel Ackermann
Alles eine Frage von Bewusstsein
Gott enthüllt seinen Zaubertrick! Dieses Buch zeigt sehr einfach, logisch und klar strukturiert, wie man die Welt der Erfahrung, des Fühlens und des Denkens von außen betrachten kann, aus dem Bewusstsein. Es beschreibt das Wesen von Gott, der Wirklichkeit und der Schöpfung und zeigt unter anderem den Unterschied zwischen Liebe fühlen und Liebe sein.
256 Seiten, A4-Format
ISBN 3-905334-13-5
geb., € 29,00

Reindjen Anselmi
Der Lichtkörper
Ein Überblick über den globalen Transmutations-Prozess
Mit praktischen Anleitungen
In dieser Schrift geht es um die sich gegenwärtig verändernde Energiestruktur des Planeten und der Lebewesen. Dabei werden die physikalischen und biologischen Vorgänge sowie die symptomatischen Begleiterscheinungen des Lichtkörperprozesses ausführlich beschrieben. Wer jetzt inkarniert ist und inkarniert bleiben will, mutiert.
gebunden, 240 Seiten
ISBN 3-905334-10-0
€ 19,00 / sFr 32,30